Christoph Drösser
Nora Coenenberg

Es geht um die Wurst

Was du wissen musst, wenn du gern Fleisch isst

Gabriel

Inhalt

LUST AUF FLEISCH

⟫⟶ Sind Menschen von Natur aus Fleischesser? Ist Fleisch essen gesund? Was für Tiere werden auf der Welt gegessen, und wie viele? Und wie werden eigentlich Würstchen gemacht?

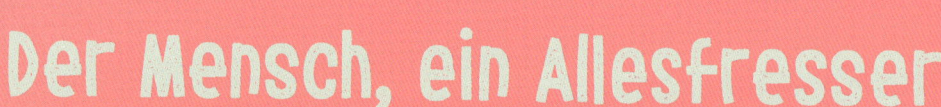

Der Mensch, ein Allesfresser

Es gibt unter den Tieren Fleisch-, Pflanzen- und Allesfresser. Das kann man zum Beispiel an den Zähnen erkennen.

≫—→   Sind wir Menschen zum Fleischessen geboren? Im Tierreich finden wir viele sogenannte Nahrungsketten: Die beginnen immer mit einer Pflanze, etwa Gräser, Beeren oder Blätter. Die Pflanzen werden von Tieren gefressen, diese Tiere wiederum von größeren Tieren. Und so weiter, bis zu Tieren wie dem Löwen, die gar keine Feinde haben und von niemandem gefressen werden. Das ist seit Millionen von Jahren so.

Nur die ersten Tiere in dieser Kette sind Pflanzenfresser, alle anderen Fleischfresser. Man könnte auch denken: Kleine Tiere fressen Pflanzen, große fressen Fleisch. Aber ein Pflanzenfresser kann so groß und stark sein, dass andere ihm nichts tun, der Elefant zum Beispiel. Andererseits können Fleischfresser ziemlich klein sein: Marienkäfer etwa ernähren sich von anderen Insekten, den Blattläusen.

Und dann gibt es eben noch eine dritte Gruppe, die sogenannten Allesfresser. Die verdrücken pflanzliche und tierische Nahrung. Der Braunbär gehört dazu, das Schwein, aber auch der Mensch.

Bei Säugetieren kann man ziemlich leicht feststellen, zu welcher Gruppe sie gehören, auch wenn man sie nicht beim Fressen beobachtet: Fleischfresser haben spitze und scharfe Zähne, mit denen sie ihre Opfer zerreißen können, Pflanzenfresser haben große Backenzähne, um die pflanzliche Nahrung zu zerreiben. Sie haben auch einen langen Darmtrakt, weil manche Pflanzen schwer zu verdauen sind. Der Darm von Fleischfressern ist kurz. Das menschliche Gebiss und auch der menschliche Darm liegen irgendwo in der Mitte zwischen den beiden Extremen.

≫→ Weil wir Allesfresser sind, haben wir viele Möglichkeiten, uns zu ernähren: Wir können ganz auf Fleisch verzichten und als Pflanzenfresser leben (beim Menschen sagt man Vegetarier). Oder aber ganz viel Fleisch essen: Die Inuit in der Nordpolarregion etwa haben früher ausschließlich tierische Nahrung zu sich genommen und dabei auch alle notwendigen Vitamine und Nährstoffe bekommen. ✳

„Natürliche" Ernährung?

Wir müssen nicht essen wie die Menschen in der Steinzeit.

»→ Manche Menschen glauben, wir sollten uns möglichst so ernähren wie unsere Vorfahren vor vielen Tausend Jahren – das sei die „natürliche" Ernährungsweise des Menschen. Alles, was danach kam, sei irgendwie künstlich und nicht gut für unseren Körper.

In der Altsteinzeit, die mit der Erfindung der Landwirtschaft vor etwa 10.000 Jahren endete, lebten die Menschen als Jäger und Sammler. Das heißt, sie bauten kein Obst, Gemüse und Getreide an und hielten keine Tiere, sondern jagten und sammelten das, was sie finden konnten.

»→ Aber je nachdem, wo sie lebten, aßen die Steinzeitmenschen sehr unterschiedlich. In Nord- und Mitteleuropa wurde sehr viel Fleisch gegessen, etwa von Mammuts, den ausgestorbenen Verwandten der Elefanten. Im Nahen Osten dagegen, wo viele leckere Pflanzen wuchsen, aßen die Leute viel weniger Fleisch. Menschen, die am Meer oder an großen Seen lebten, ernährten sich vor allem von Fisch. Aber auch hierzulande stand nicht jeden Tag Fleisch auf dem Speiseplan – wenn ein

großes Tier erlegt wurde, aßen die Menschen ein paar Tage viel davon, dann wieder lange Zeit kein Fleisch.

Als die Landwirtschaft erfunden wurde, waren die Menschen nicht mehr so sehr auf den Zufall angewiesen. Es gab regelmäßig genug zu essen, vor allem Getreide. Und man begann Milchprodukte zu konsumieren. Davor konnten Menschen Milch nur im Babyalter vertragen (in manchen Teilen der Erde ist das noch heute so), Erwachsene bekamen davon schlimme Bauchschmerzen. Aber unsere Körper haben sich an Kuhmilch gewöhnt und können sie nun auch im Erwachsenenalter verdauen.

➡➡➡ Aus all dem schließen Wissenschaftler: Es gibt nicht *die* natürliche Ernährung des Menschen. Unser Vorteil besteht darin, dass wir sehr flexibel sind und uns an das anpassen können, was gerade vorhanden ist. ✳

Ernährungs-Vielfalt

≫→ Vegetarier essen kein Fleisch. Aber es gibt noch einige Untergruppen, und auch nicht alle Fleischesser sind gleich. Hier erklären wir euch die verschiedenen Begriffe!

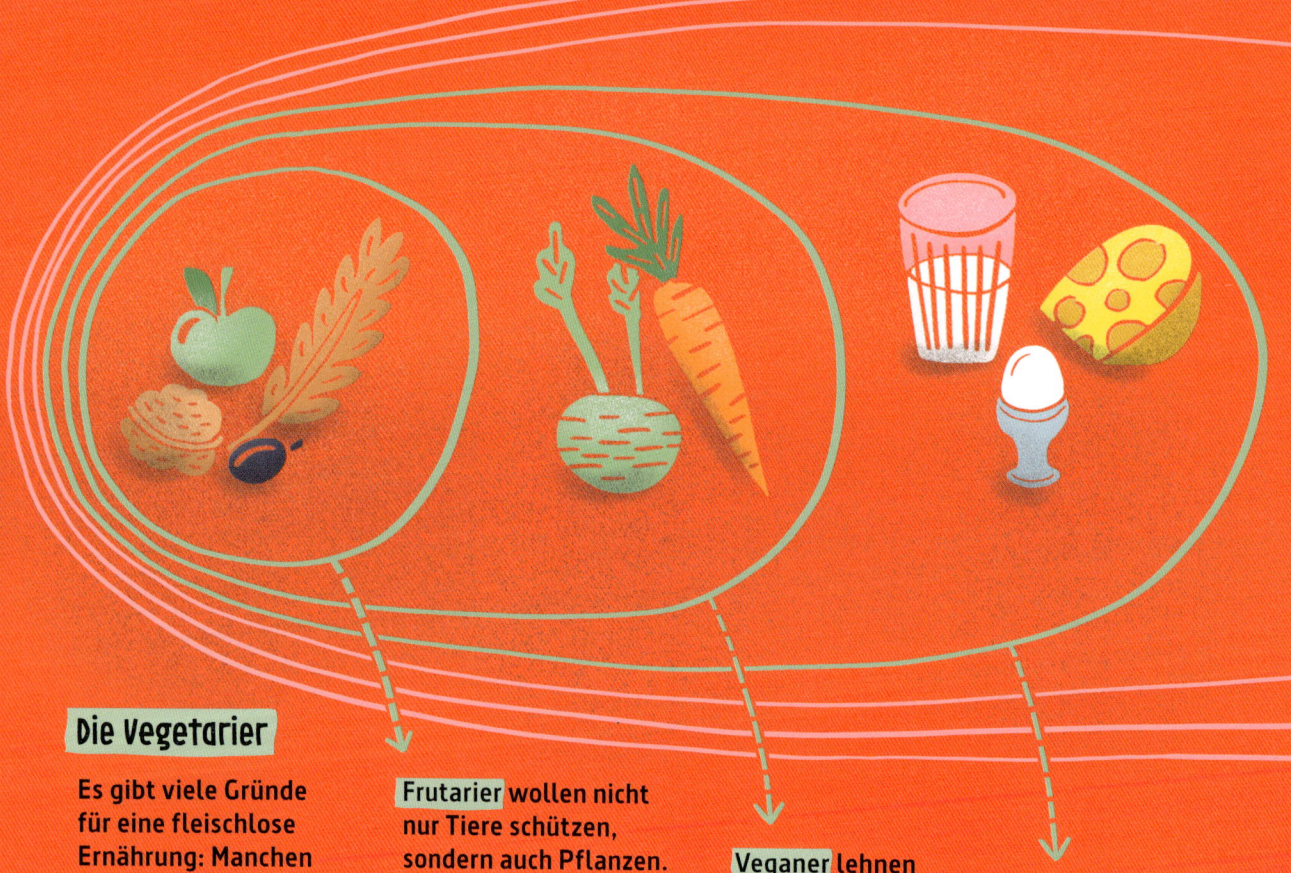

Die Vegetarier

Es gibt viele Gründe für eine fleischlose Ernährung: Manchen tun die Tiere leid. Oder sie finden, dass die Herstellung von Fleisch die Umwelt schädigt, ihre Religion verbietet Fleisch – oder sie mögen es einfach nicht. In Deutschland ist das jeder Zehnte, in Indien jeder Dritte.

Frutarier wollen nicht nur Tiere schützen, sondern auch Pflanzen. Sie essen daher keine Produkte, bei deren Herstellung die Pflanze stirbt, sondern nur das, was sie „freiwillig" hergibt. Auch Getreide akzeptieren sie, weil die Pflanze bei der Ernte schon abgestorben ist.

Veganer lehnen alle tierischen Produkte ab – neben dem Fleisch auch Milch, Eier, Leder und Honig.

Ovo-Lacto-Vegetarier essen Eier und Milchprodukte.

Und dann gibt es noch die sogenannten **Flexitarier**. Die finden eine vegetarische Ernährung sinnvoll und halten sich auch meistens dran, aber ab und zu erlauben sie sich mal ein Würstchen oder einen Burger. ↗

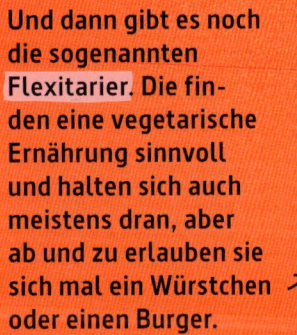

Die Tieresser

Pescetarier essen kein Fleisch, nur Fisch und Meeresfrüchte.

Pollotarier verzehren kein rotes Fleisch, nur Geflügel – also Huhn, Ente, Gans und so weiter.

Die meisten Menschen essen mal mehr, mal weniger Fleisch.

Fleisch in aller Welt

Es gibt nicht nur Würstchen, Steak und Burger.
Fleischgerichte können sehr vielfältig sein!

➤➤➤ Fast überall auf der Welt wird Fleisch gegessen. Der allergrößte Teil stammt von Schweinen, Rindern, Hühnern, Schafen und Ziegen, aber es landen noch viele andere Tiere in der Küche (siehe Seite 16). Fleischgerichte aus anderen Ländern – gegrillt, gekocht oder roh – zeigen wir dir hier.

Und die Menschen essen immer mehr Fleisch. Nicht in den reichen Ländern wie Deutschland, sondern in den sich entwickelnden Ländern Asiens, Afrikas und Lateinamerikas.

Das läuft immer ähnlich, man kann es am Beispiel Chinas zeigen: Wenn ein Land arm ist, leben viele Menschen fast wie Vegetarier – aber nicht, weil sie es wollen, sondern weil Fleisch zu teuer ist. Im Jahr 1961 aß jeder Chinese im Durchschnitt vier Kilogramm Fleisch. Wenn es den Menschen besser geht, fangen sie an, immer mehr von diesem ehemaligen Luxusprodukt zu essen. Im Jahr 2013 aßen die Chinesen 62 Kilogramm pro Jahr, etwa so viel wie die Deutschen.

Irgendwann ist Fleisch selbstverständlich, und die Menschen fangen an, darüber nachzudenken. Dann essen sie zum Beispiel mehr helles als rotes Fleisch, weil das gesünder ist. ✳

Nordamerika

Kanada: Tourtière (Pastete aus Fleisch und Kartoffeln)

USA: Burger aus Rindfleisch mit Coleslaw (Weißkohlsalat) und Pommes

Afrika

Westafrika: Suya (Rind- oder Hühnerfleisch) und Fufu (Brei aus Maniok und Kochbananen)

Äthiopien: Injera (große Teigfladen) mit Gemüse und manchmal Fleisch

Europa

Dänemark: Hotdogs (rot gefärbte Würstchen)

Russland: Borschtsch (Rote-Bete-Eintopf mit Rindfleisch)

Griechenland: Moussaka (Auflauf aus Auberginen, Hackfleisch und Kartoffeln)

Australien

Australien: BBQ-Teller (Grill-Teller) mit Emu- oder Känguru-Steak

Lateinamerika

Kolumbien: Schnitzel mit Spiegelei, Bohnen, Kochbananen und Avocado

Panama: Tamales (Maisbrei mit Huhn, Rosinen und Tomatensoße) im Bananenblatt

Asien

Vietnam: Pho Ga (Reisnudel-Suppe mit Huhn)

Laos: Laap (Salat aus Fleisch und Kräutern) mit Klebreis

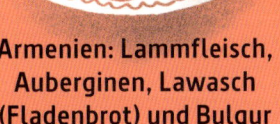

Armenien: Lammfleisch, Auberginen, Lawasch (Fladenbrot) und Bulgur

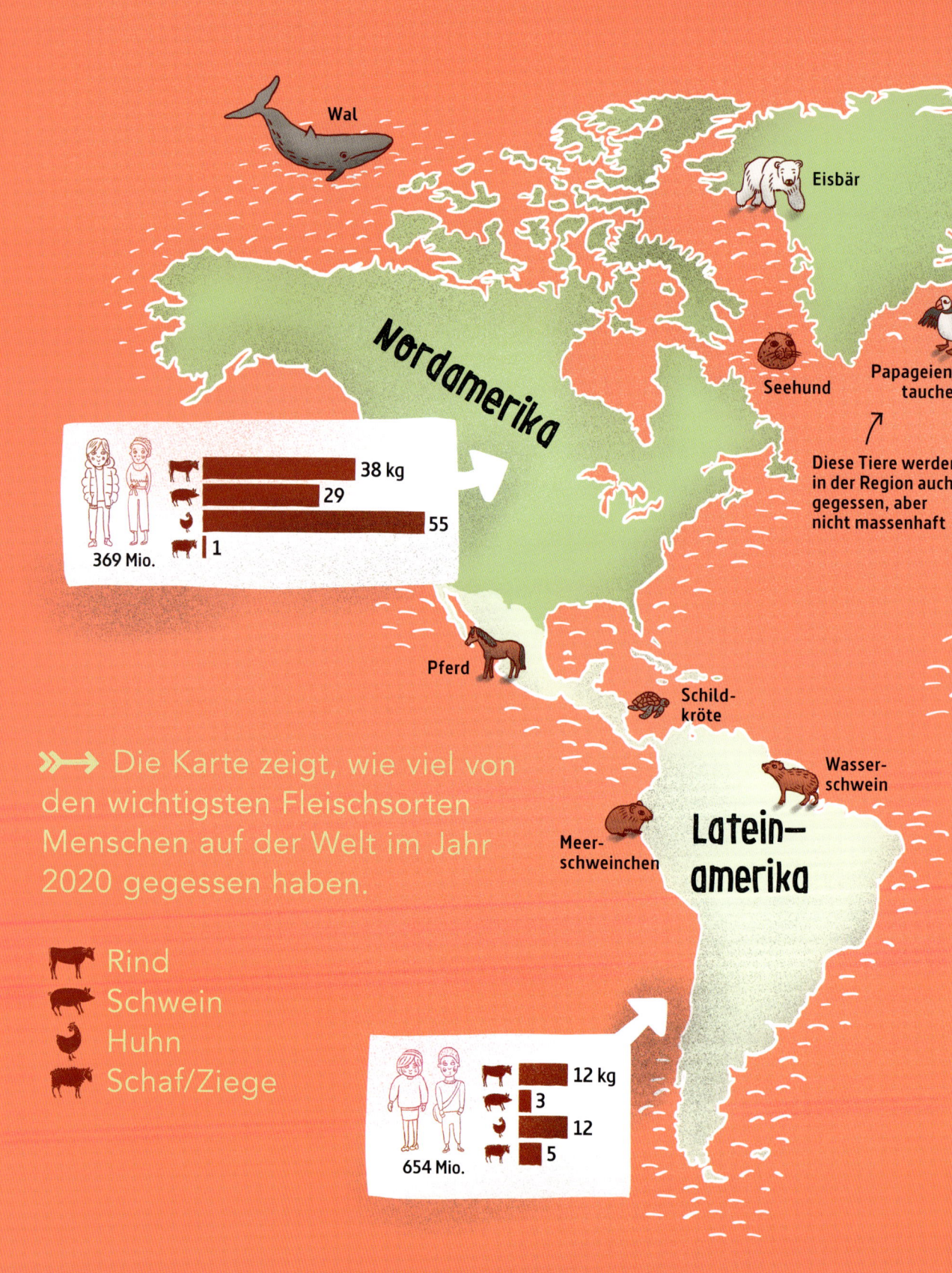

Wal

Eisbär

Nordamerika

Seehund

Papageien-
taucher

Diese Tiere werden
in der Region auch
gegessen, aber
nicht massenhaft

38 kg

29

55

369 Mio. | 1

Pferd

Schild-
kröte

Wasser-
schwein

Meer-
schweinchen

Latein-
amerika

>>> Die Karte zeigt, wie viel von
den wichtigsten Fleischsorten
Menschen auf der Welt im Jahr
2020 gegessen haben.

Rind
Schwein
Huhn
Schaf/Ziege

12 kg

3

12

654 Mio. | 5

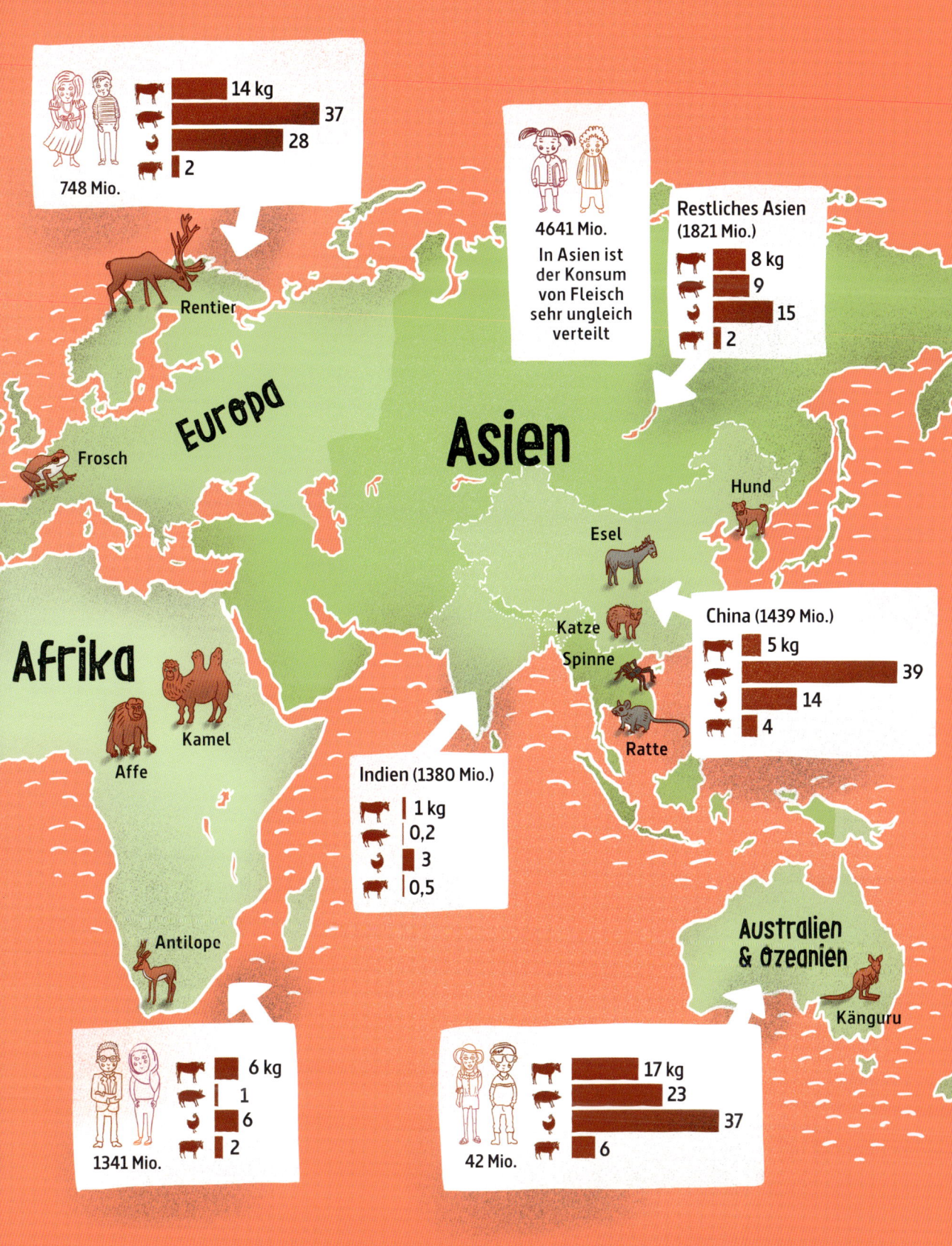

Europa

748 Mio.

14 kg
37
28
2

Rentier

Frosch

Afrika

Kamel

Affe

Antilope

Asien

4641 Mio.
In Asien ist der Konsum von Fleisch sehr ungleich verteilt

Restliches Asien (1821 Mio.)

8 kg
9
15
2

Hund

Esel

Katze

Spinne

Ratte

China (1439 Mio.)

5 kg
39
14
4

Indien (1380 Mio.)

1 kg
0,2
3
0,5

1341 Mio.

6 kg
1
6
2

42 Mio.

17 kg
23
37
6

Australien & Ozeanien

Känguru

Erlaubt und verboten

Manche Religionen verbieten es, bestimmte Fleischsorten zu essen

»→ Vielleicht fragst du dich nach dem Blick auf die Weltkarte, warum zum Beispiel in Indien kaum Rindfleisch gegessen wird. Das liegt daran, dass es dort viele Hindus gibt. Fast alle großen Religionen haben Vorschriften zum Fleisch, und viele gläubige Menschen halten sich dran. ✳

Christentum

Freitags gibt es vor allem bei Katholiken oft Fisch. Man erinnert an diesem Tag an die Kreuzigung von Jesus am Karfreitag und verzichtet auf den „Luxus" von Fleisch. Auch schon in der Zeit vor Ostern, der Fastenzeit, verzichten manche Christen darauf.
Ein Papst hat einmal den Biber zum Fisch erklärt, damit man in der Fastenzeit dessen Fleisch essen durfte!

Hinduismus

Die meisten Inder sind Hindus. Vielleicht hast du schon einmal auf Fotos gesehen, dass Kühe durch die Straßen der großen Städte laufen und den Verkehr aufhalten. Kühe gelten im Hinduismus als heilig und werden deshalb auch nicht gegessen. Aber ihre Milch darf man trinken.

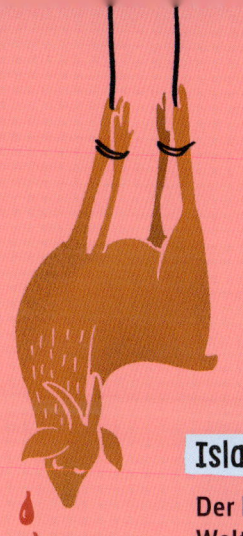

Islam

Der Islam ist über die ganze
Welt verbreitet, aber für alle
Muslime gilt: Schweinefleisch
ist verboten! Und Rinder, Schafe und andere Tiere müssen
„geschächtet" werden – das ist
ein Schlachverfahren, bei dem
den Tieren bei lebendigem Leib
die Kehle durchgeschnitten
wird und man das Blut ganz
herauslaufen lässt. Denn Blut
gilt nicht als rein oder „halal",
wie es die Muslime nennen.

Judentum

Juden haben die strengsten
Nahrungsvorschriften. Wie die
Muslime dürfen auch sie kein
Schweinefleisch essen, erlaubt
sind nur Paarhufer, die wieder-
käuen (also Rinder, Schafe oder
Ziegen) und Fische. Auch bei
den Juden werden Schlacht-
tiere geschächtet.
Für „koscheres", also erlaubtes
Essen gibt es aber noch weitere
Regeln. So dürfen Fleischge-
richte nicht mit Milchprodukten
zubereitet werden.

Buddhismus

Buddhisten, die vor allem in
Indien, China und den angren-
zenden Ländern leben, achten
das Leben fühlender Wesen
sehr hoch – schon deshalb,
weil sie daran glauben, dass
Menschen als Tiere wieder-
geboren werden können. Es
gibt verschiedene Arten des
Buddhismus mit unterschiedlichen Regeln. Das Fleischessen
ist nicht ausdrücklich verboten,
aber die meisten Buddhisten
leben vegetarisch.

Fleisch in Deutschland

In den letzten Jahrzehnten hat sich die Menge des Fleischs, das wir essen, nicht sehr verändert. Wir essen aber heute mehr Geflügel als früher.

»→ Vor vielen Hundert Jahren haben die Menschen viel mehr Fleisch gegessen als heute. Im Mittelalter verzehrte jeder mehr als 100 Kilogramm pro Jahr. Die meisten Menschen waren Bauern und besaßen selbst Tiere. Ab dem 19. Jahrhundert wurde Fleisch für die Menschen in den Städten ein Luxusartikel, nur noch 14 Kilogramm pro Kopf wurden verzehrt.

Ähnlich war es in Deutschland nach dem Zweiten Weltkrieg. In den Jahren danach ging es den Leuten besser, sie verdienten mehr und kauften wieder mehr Fleisch.

Heute kann sich jeder Deutsche Fleisch leisten. In den letzten 40 Jahren haben wir immer etwa 60 Kilogramm Fleisch pro Kopf gegessen. Männer essen doppelt so viel Fleisch wie Frauen, arme Menschen mehr als reiche.

Allerdings essen wir heute weniger Rind- und Schweinefleisch als früher und dafür mehr Geflügel. Das ist eine gute Entwicklung, denn das „rote" Fleisch ist weniger gesund, und seine Herstellung schadet der Umwelt mehr.

41 Euro pro Monat gibt eine durchschnittliche Familie für

Früher
(1979)

Vor etwa 40 Jahren aß jeder Deutsche ungefähr 64 Kilo Fleisch pro Jahr.

Heute
(2018)

Heute essen wir ein bisschen weniger, 59 Kilo, und die Zusammensetzung ist anders.

6 kg **Geflügel** 13 kg

17 kg **Rind** 10 kg

41 kg **Schwein** 36 kg

Fleisch und Wurst aus. Das ist weniger als vor 20 Jahren, obwohl die Menschen heute mehr verdienen. Im Jahr 1970 musste ein durchschnittlicher Arbeitnehmer in Deutschland mehr als eineinhalb Stunden arbeiten, um ein Kilo Schweineschnitzel zu kaufen, heute sind es nur noch 23 Minuten. ✳

Wie viele Tiere essen wir im Laufe unseres Lebens?

>>→ Jeder von uns isst im Durchschnitt so viele Tiere, wie auf einem größeren Bauernhof leben. Das ist eine Schätzung: Wir wissen, wie viele Tiere im Jahr 2019 pro Person in Deutschland gegessen wurden, und haben diese Zahlen mit einer Lebenszeit von 80 Jahren malgenommen.

Von Ziegen und Pferden essen wir weniger als ein halbes Tier in unserem Leben.

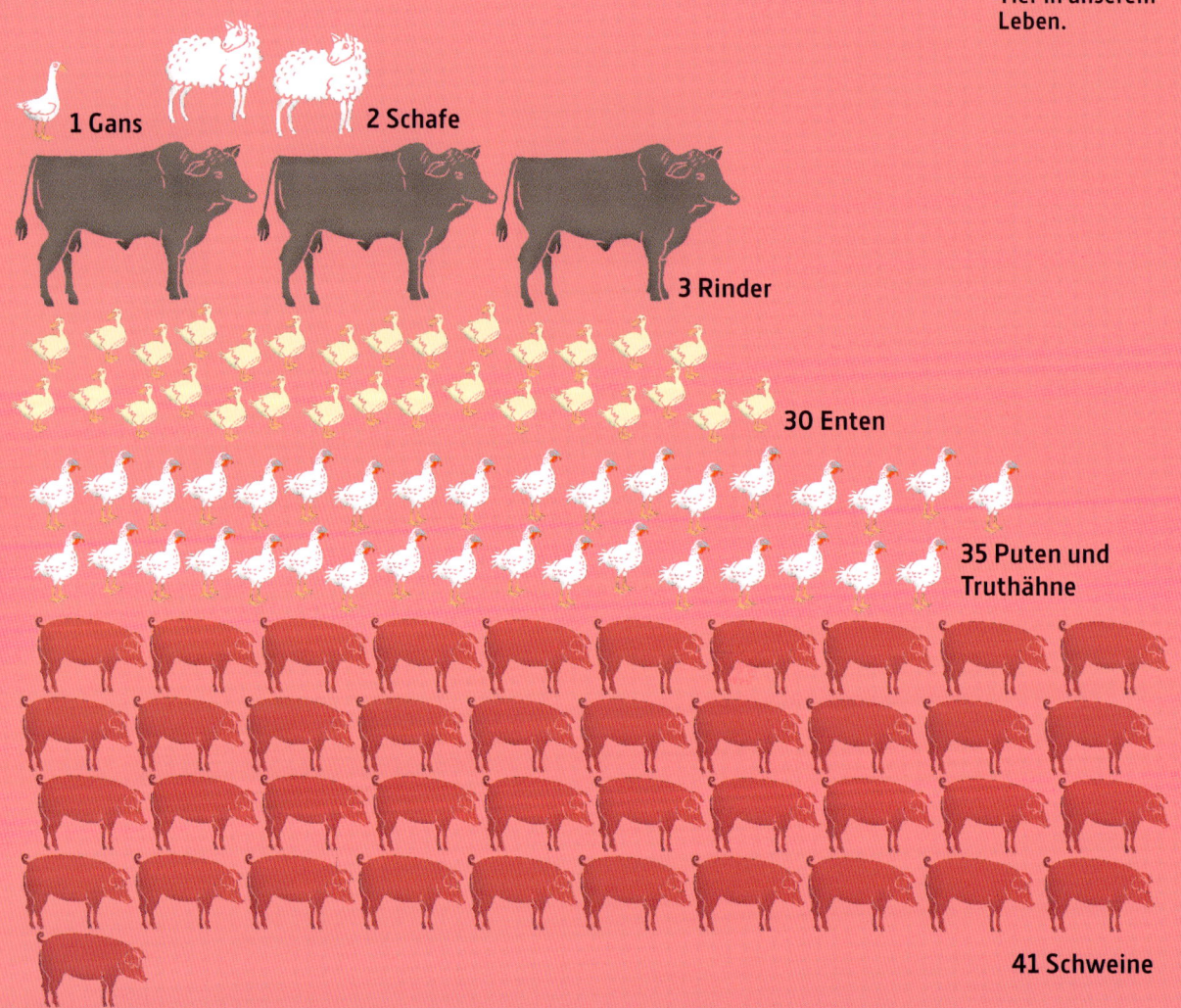

1 Gans

2 Schafe

3 Rinder

30 Enten

35 Puten und Truthähne

41 Schweine

723 Hühner

Schnauze bis Schwanz

Man kann nicht nur das Muskelfleisch
der Tiere essen.

≫→ Magst du Leber? Oder Nieren? Viele Kinder verziehen
das Gesicht, wenn sie von den sogenannten Innereien hören
(außer vielleicht bei Leberwurst). Und auch Erwachsene essen
immer weniger davon: 1984 aß jeder Deutsche 1,5 Kilogramm
Leber, Niere und Herz, heute sind es nur noch 100 Gramm pro
Jahr.

In den Supermärken findet man hauptsächlich ausgewählte
Sorten von Muskelfleisch, die die Menschen besonders gerne kaufen: das Filetsteak vom Rind etwa oder die Brust vom
Huhn. Aber dieses Muskelfleisch macht nur etwa ein Drittel
des Gewichts eines Tiers aus. Es gibt viel mehr essbare Teile.

Diese Teile sind genauso nahrhaft und lecker wie das Muskelfleisch, und es ist Verschwendung, sie wegzuwerfen. Auf
dem Bauernhof war es früher selbstverständlich, das gesamte
Tier zu verwerten, wenn es geschlachtet wurde.

Und heute fordern viele Menschen, dass wir zu dieser Ver-
wertung „Von der Schnauze bis zum Schwanz" zurückkehren.
Einige Restaurants sind sehr erfinderisch dabei, köstliche Ge-
richte auch aus weniger „edlen" Teilen des Tiers zu zaubern.

➤➤→ Eine andere Möglichkeit: In vielen Wurstsorten finden sich viele Fleischsorten, die du wahrscheinlich nicht essen würdest, wenn du sie in ihrem ursprünglichen Zustand sehen könntest. ✳

Diese eine Hälfte essen wir gerne:

Diese andere Hälfte nicht so gerne:

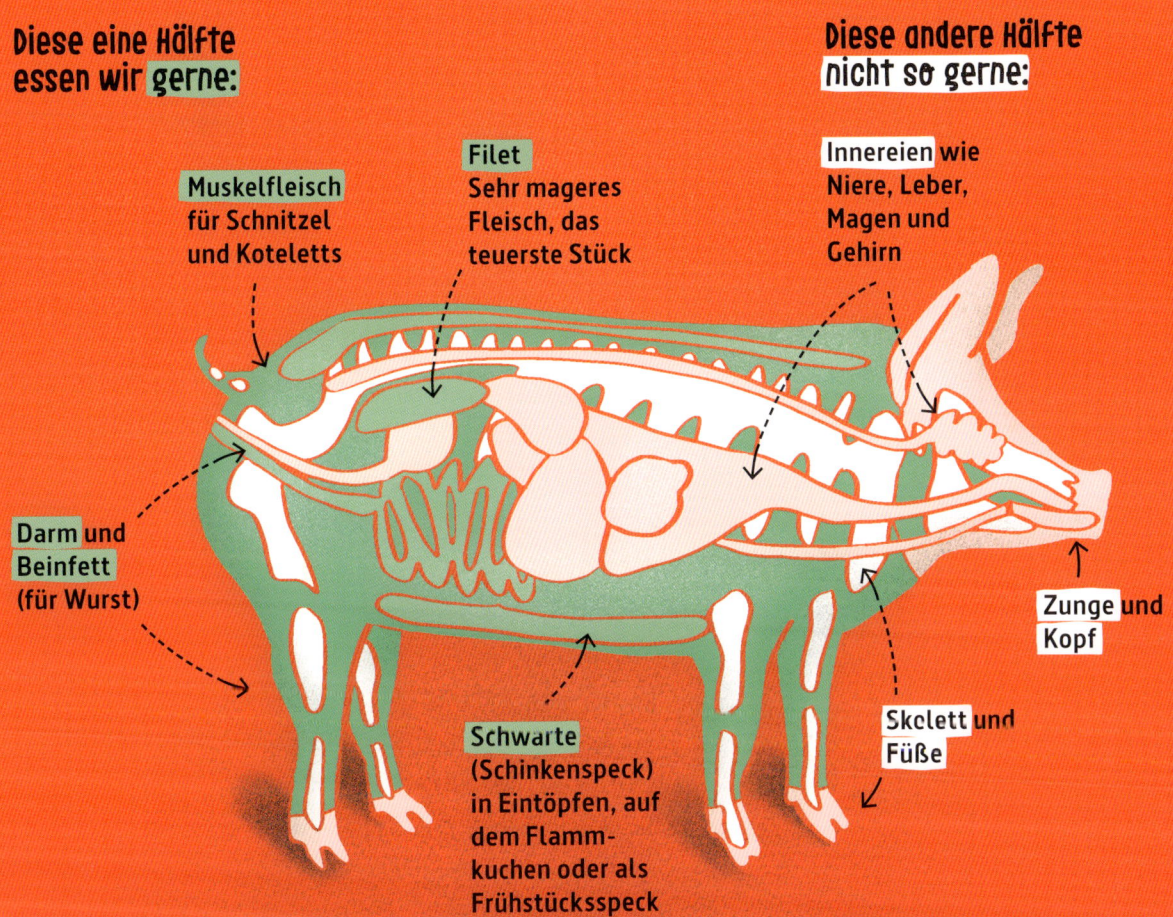

Muskelfleisch für Schnitzel und Koteletts

Filet Sehr mageres Fleisch, das teuerste Stück

Innereien wie Niere, Leber, Magen und Gehirn

Darm und **Beinfett** (für Wurst)

Schwarte (Schinkenspeck) in Eintöpfen, auf dem Flammkuchen oder als Frühstücksspeck

Skelett und **Füße**

Zunge und **Kopf**

Wo kommen die Würstchen her?

⟫⟫⟶ Fast alle Kinder mögen Wiener Würstchen. Durchschnittlich 52 Stück verspeist jeder Deutsche pro Jahr. Hier kannst du sehen, wie sie gemacht werden!

In der Wurstfabrik ist Hygiene sehr wichtig, deshalb tragen alle eine Haube, Handschuhe und meist auch einen Mundschutz.

Außerdem ist es an manchen Maschinen sehr laut, deshalb tragen einige auch Ohrschützer.

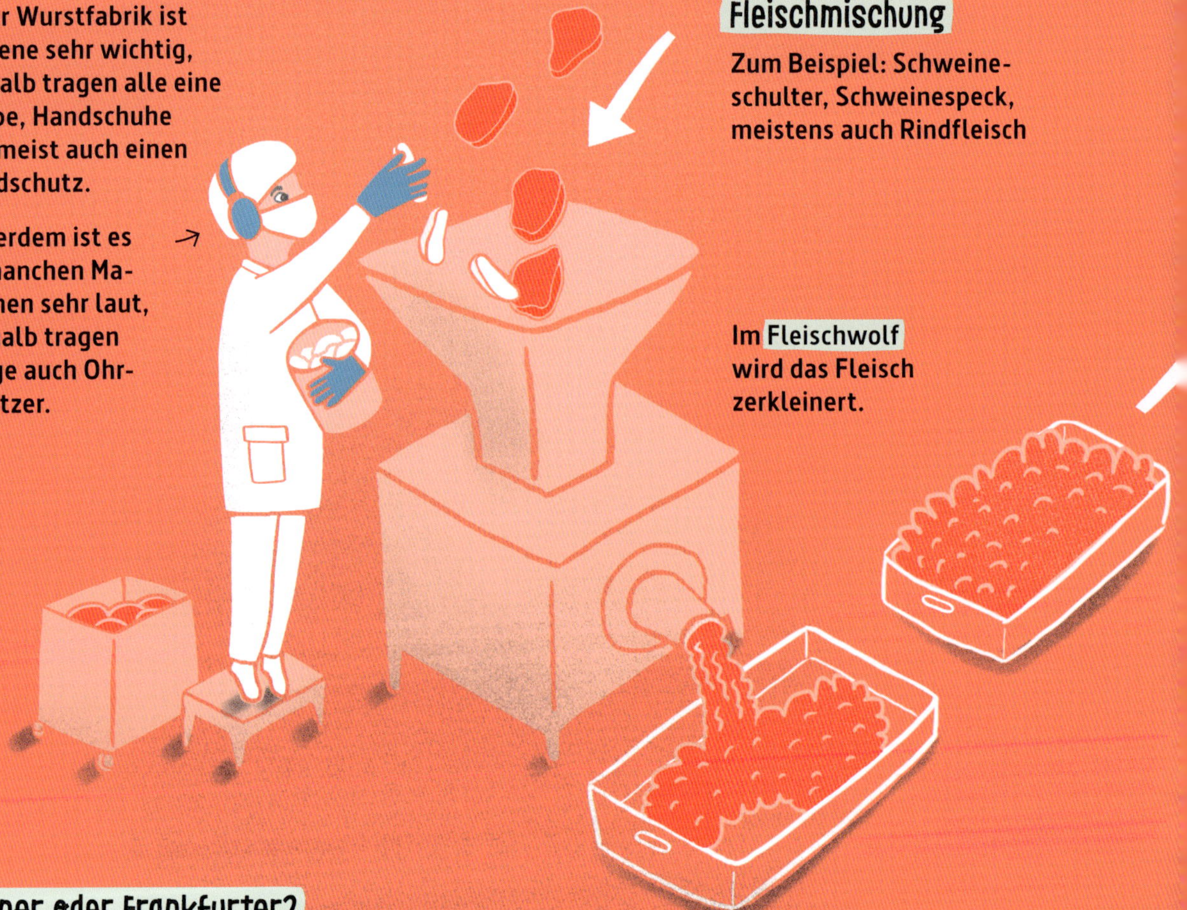

Fleischmischung

Zum Beispiel: Schweineschulter, Schweinespeck, meistens auch Rindfleisch

Im Fleischwolf wird das Fleisch zerkleinert.

Wiener oder Frankfurter?

Die Würstchen heißen fast im ganzen deutschen Sprachraum Wiener – nur nicht in Österreich, dort heißen sie Frankfurter. Ein aus Frankfurt stammender Metzger erfand sie und bot sie erstmals 1805 in Wien an. Von dort gingen die knackigen Würstchen um die ganze Welt.

Nährstoffe

Ein 100-Gramm-Würstchen enthält etwa 15 Gramm Eiweiß und 27 Gramm Fett.

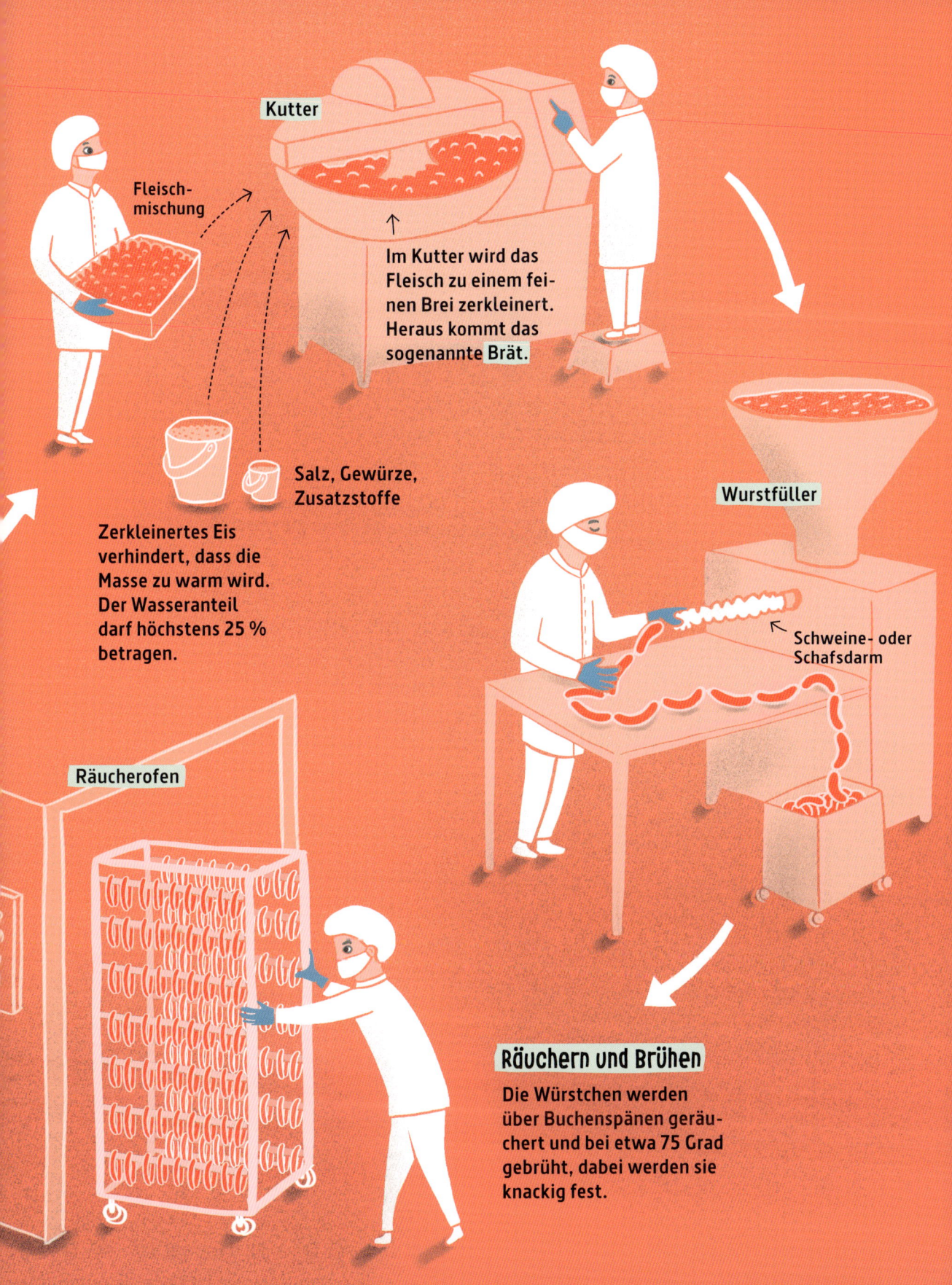

Kutter

Fleisch-mischung

Im Kutter wird das Fleisch zu einem feinen Brei zerkleinert. Heraus kommt das sogenannte Brät.

Salz, Gewürze, Zusatzstoffe

Zerkleinertes Eis verhindert, dass die Masse zu warm wird. Der Wasseranteil darf höchstens 25 % betragen.

Wurstfüller

Schweine- oder Schafsdarm

Räucherofen

Räuchern und Brühen

Die Würstchen werden über Buchenspänen geräuchert und bei etwa 75 Grad gebrüht, dabei werden sie knackig fest.

Ist Fleisch gesund?

Man kann sich mit und ohne Fleisch gesund ernähren – es kommt auf die Mischung an.

⟫⟶ Alle Kinder wissen, dass manche Lebensmittel „gesünder" sind als andere. Wer nur Bonbons und Eis isst, dem fehlen wichtige Nährstoffe. Aber wie ernährt man sich richtig? Und gehört Fleisch dazu?

Man muss dabei zwei Fragen unterscheiden: Erstens, was für Nährstoffe braucht mein Körper? Und zweitens: In welchen Lebensmitteln stecken die drin?

Es gibt drei sogenannte „Makronährstoffe": Kohlenhydrate, Fett und Eiweiß (Protein), die fast 100 Prozent der Lebensmittel ausmachen.

Kohlenhydrate
kommen vor allem von Pflanzen, sie stecken in Kartoffeln, Nudeln, Reis und allem, was Zucker enthält.

Fett
nehmen wir durch Butter, Öl, aber auch fettes Fleisch und fetten Fisch auf.

Eiweiß
steckt in Eiern (daher der Name!), in Hülsenfrüchten wie Bohnen oder Soja, in Nüssen, Milchprodukten und vor allem in Fleisch.

Idealerweise besteht unser Essen zur Hälfte aus Kohlenhydraten, zu 30 Prozent aus Fett und zu 20 Prozent aus Eiweiß. Das gilt für „Allesfresser", Vegetarier und Veganer – mit jeder

Form der Ernährung ist es möglich, diese Mischung hinzubekommen.

Dann gibt es noch sogenannte Spurenelemente und Vitamine. Das sind Stoffe, die in sehr kleinen Mengen im Essen stecken, aber lebenswichtig sind. Mit Eisen zum Beispiel produziert unser Körper Blut, wir müssen es ihm irgendwie zuführen (und das geht nicht, indem wir Schrauben und Nägel futtern). Auch diese Nährstoffe findet man in allen möglichen Nahrungsmitteln. Fleisch ist ein guter Lieferant von Eisen und enthält auch viele Vitamine.

Vitamin B12 ist eine wichtige Ausnahme: Das gibt es nur in Produkten, die von Tieren stammen. Veganern wird daher empfohlen, zusätzlich Vitaminpillen zu schlucken.

»→ Fleisch besteht zum größten Teil aus Eiweiß, je nach Sorte kann auch eine Menge Fett drinstecken – zum Beispiel besteht die bei Kindern beliebte Fleischwurst zu fast einem Drittel aus Fett.

Die meisten Experten sagen: Für diejenigen, die es mögen, ist Fleisch eine gute Ergänzung unseres Speiseplans. Wir sollten nur darauf achten, dass wir nicht zu viel davon essen.

Wie du dich gesund ernähren kannst, zeigt dir die Ernährungspyramide auf der nächsten Seite. Da siehst du auch, welche Fleischmengen empfohlen werden. Tatsächlich essen die meisten hierzulande sehr viel mehr!

Ernährungspyramide

Wenn du alles, was du an einem Tag isst, in Portionen einteilst, sollte die Verteilung ungefähr so aussehen.

Nimm deine Hände als Maß (Süßigkeiten und Knabbereien müssen in einer Handfläche Platz haben)!

Süßes und Knabbereien

Nüsse

Eier, Fisch und Fleisch
↗ Dazu gehören auch Aufschnitt und Wurstwaren

Milch und Milchprodukte
↗ zum Beispiel Käse, Quark und Joghurt

Kartoffeln und Getreide
↗ Dazu zählen Kartoffeln, Reis, Nudeln, Brot, Getreideflocken oder auch Hirse, Couscous und Quinoa.

Gemüse und Salat

Obst

⟫→ Diese Pyramide zeigt, wovon wir viel und wovon wir wenig essen sollten. Die Kohlenhydrate stecken in dieser Pyramide vor allem im Gemüse, Obst und Getreide. Fett liefern uns die Milchprodukte, zum Beispiel Käse, außerdem Nüsse und

Ein gesunder Tag

Frühstück	Zwischenmahlzeit	Mittagessen	Zwischenmahlzeit	Abendessen

Frühstück
- Haferflocken
- Milch oder Joghurt
- Obst

Zwischenmahlzeit
- Brot
- Wurst oder Ei
- Rohkost

Mittagessen
- Gemüselasagne
- Rohkost

Zwischenmahlzeit
- Studenten-
futter

Abendessen
- Kartoffeln
- Quark
- Gemüse

die meisten Fleisch- und Wurstsorten. Beim Fett ist es wichtig zu wissen, dass pflanzliche Fette gesünder sind als tierische, also etwa Butter und Speck. Fett vom Fisch ist aber gutes Fett.

⟫⟶ Vielleicht staunst du, dass nur einer von den Kreisen für Fleisch und Wurst steht. Auf die Frage „Was gibt es zu essen?" antworten die Eltern ja meist mit „Hühnchen" oder „Schnitzel" (wenn es Fleisch gibt). Das Fleisch steht also im Mittelpunkt, die anderen Sachen sind nur „Beilagen". Aus der Sicht der Ernährungsexperten aber sollte das Fleisch die Beilage sein, auch wenn es noch so lecker ist.

Diese Pyramide ist eine Empfehlung, und du musst nicht jeden Tag die Mengen abmessen, die du isst. Manchmal hat man auch Lust auf etwas, das nicht wirklich gesund ist. Aber sie gibt dir eine gute Orientierung, was dein Körper braucht und welche Nahrungsmittel man eher in kleinen Mengen genießen sollte. ✳

DIE TIERE, DIE WIR ESSEN

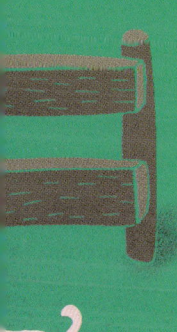

»→ Wie leben die Tiere, die uns mit Fleisch versorgen? Wie viel Platz haben sie im Stall? Welches Futter bekommen sie? Warum gibt es so viele Tiertransporte? Und wie genau sterben unsere Nutztiere?

Tiere lieben, Tiere essen

Tiere sind fühlende Lebewesen. Ist es in Ordnung, sie zu töten und zu essen?

Hast du ein Haustier? Einen Hamster, ein Kaninchen, vielleicht einen Hund? Wenn ja, dann siehst du das Tier wahrscheinlich als ein richtiges Familienmitglied an, hast es lieb und bist traurig, wenn es stirbt. Und du könntest dir niemals vorstellen, dein Tier zu essen, oder?

Aber fast jede Tierart, die bei uns als Haustier gehalten wird, dient auch irgendwo auf der Welt als Nahrungsmittel (siehe Seite 16). Da muss man gar nicht bis nach China gehen, wo in einigen Gegenden Hunde und Katzen als Delikatessen gelten. In Deutschland zum Beispiel wird manchmal Pferdefleisch gegessen – das finden Menschen in anderen Ländern unvorstellbar. Und auch das Kaninchen ist sowohl ein Kuscheltier als auch ein Nutztier, das Fleisch gibt.

Die wenigsten Kinder sehen, wie Schweine, Hühner und Rinder heute leben. Und erst recht nicht, wie sie sterben. Das Fleisch, das wir essen, kommt vom Metzger oder aus dem Supermarktregal, und viele Menschen wollen gar nicht so genau wissen, wie es da hingekommen ist. Auch die meisten

Erwachsenen können sich nicht vorstellen, selbst ein Tier zu töten, um es zu essen.

Kein Wunder, dass viele Menschen sagen: Ich will nicht, dass Tiere getötet werden. Ich esse keine Tiere – ich werde Vegetarier. Andere sagen: Es ist im Tierreich völlig natürlich, dass eine Art die andere jagt (siehe Seite 10). So wie man es dem Löwen nicht vorwerfen kann, dass er die Antilope frisst, kann man auch Menschen nicht grundsätzlich für ihren Fleischkonsum verurteilen.

>>→ Aber auch für Fleischesser sollte ein Tier kein Ding sein, mit dem man tun kann, was man will. Es ist ein Wesen, das Gefühle hat und Schmerzen empfindet. Das deutsche Tierschutzgesetz sagt: „Niemand darf einem Tier ohne vernünftigen Grund Schmerzen, Leiden oder Schäden zufügen." Wenn wir ein Tier essen, sind wir dazu verpflichtet, dabei schonend mit ihm umzugehen. Es gibt eine Menge Vorschriften, wie Tiere gehalten und auch, wie sie getötet werden müssen. Einige davon werden wir auf den nächsten Seiten vorstellen. Viele Menschen glauben, dass diese Bestimmungen nicht weit genug gehen und dass noch mehr zum Schutz der Nutztiere getan werden muss.

Denn wenn wir schon Fleisch essen, dann sollte es von Tieren stammen, die in ihrem Leben und beim Sterben nicht unnötig gequält worden sind. ✳

Tierhaltung heute

Die wenigsten Tiere, deren Fleisch wir essen, kommen von traditionellen Bauernhöfen.

»→ Vielleicht hast du auch noch ein Kinderbuch, in dem das Leben auf dem Bauernhof beschrieben wird: Kühe grasen auf der Wiese, die Hühner flattern gackernd durch den Hof, ein Schwein suhlt sich einer Pfütze. Und die Bauernfamilie kümmert sich um jedes Tier.

Solche Bauernhöfe gibt es, aber immer seltener. Immer weniger landwirtschaftliche Betriebe produzieren in immer größeren Ställen immer mehr Fleisch. Und das möglichst billig. Die meisten Tiere kommen nie nach draußen und haben wenig Platz, sich zu bewegen. Deutschland exportiert so viel Schweinefleisch wie kein anderes Land!

Auf den nächsten Seiten beschreiben wir, wie es in den sogenannten konventionellen Betrieben zugeht. Aber wir schreiben auch über Bio-Höfe, für die schärfere Gesetze gelten.

Fragt man die Leute nach ihrer Meinung über die Massentierhaltung, dann finden die meisten das schrecklich. Aber sie wollen auch nicht auf Fleisch verzichten oder mehr dafür bezahlen. Lieber schauen sie weg und wollen gar nicht wissen, woher ihr Schnitzel oder ihre Wurst stammt.

Ein Zurück zu der Art der Tierhaltung, wie sie vor über hundert Jahren üblich war, wird es sicherlich nicht geben. Die Frage ist: Können wir die wachsende Weltbevölkerung ernähren, ohne Tiere zu quälen und die Umwelt zu zerstören? Darüber denken viele Umwelt- und Tierschutzorganisationen nach, aber auch Politiker. Im Jahr 2015 haben Experten für die Bundesregierung erste Ideen aufgeschrieben, wie man die Landwirtschaft entsprechend umbauen könnte.

»→ Klar ist: Wenn wir wollen, dass es den Tieren im Stall besser geht, können wir nicht erwarten, genauso viel billiges Fleisch kaufen zu können wie heute. **✳**

Außer ein paar Kühen auf der Weide sieht man von den fast 200 Millionen Nutztieren in Deutschland nicht viel.
↓

Fast alle Nutztiere verbringen ihr ganzen Leben in riesigen Stallanlagen, oft ohne Tageslicht und Bewegungsfreiheit.

So leben Nutztiere

Masthühner: Das Leben der Hühnchen und Hähnchen ist kurz und langweilig.

»» Wer im Supermarkt Eier kauft, der kann genau sehen, wie die Hühner leben, von denen die Eier stammen: Freilandhaltung, Bodenhaltung … jedes Ei ist sogar mit einem Code bedruckt, der Informationen über seine Herkunft enthält.

Kauft man dagegen ein ganzes Hühnchen oder ein Stück Hühnerfleisch, dann erfährt man nicht unbedingt etwas darüber, wie das Huhn gelebt hat. Bei Hühnern gibt es unterschiedliche Rassen für Eier und für Fleisch, und sie werden in völlig unterschiedlichen Betrieben gehalten.

Masthühner leben meist in Gruppen von über 10.000 Tieren in riesigen Ställen. Es gibt keine Stangen, auf denen Hühner sonst gerne sitzen – sie könnten auch gar nicht zu ihnen hochflattern, die schwere Brust macht ein Drittel ihres Gewichts aus. Denn die Menschen wollen vor allem Hühnerbrust kaufen.

Und so liegen die Masthähnchen (so werden auch die weiblichen Tiere genannt) während ihres kurzen Lebens meist auf dem Boden, der während dieser Zeit nicht gereinigt wird. Es ist sehr eng: Etwa 25 Tiere müssen sich einen Quadratmeter des Hallenbodens teilen.

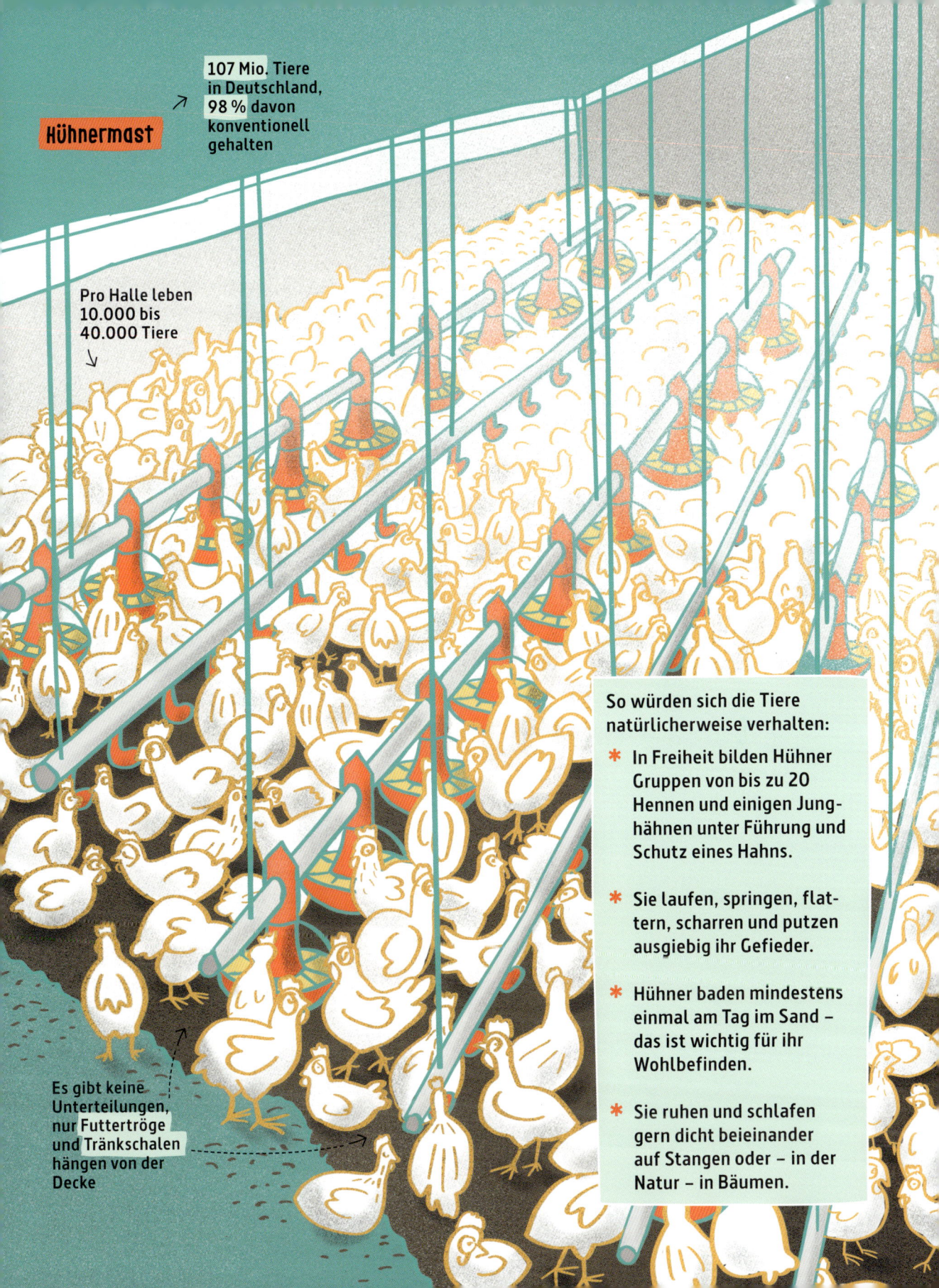

Hühnermast

107 Mio. Tiere in Deutschland, 98 % davon konventionell gehalten

Pro Halle leben 10.000 bis 40.000 Tiere

Es gibt keine Unterteilungen, nur Futtertröge und Tränkschalen hängen von der Decke

So würden sich die Tiere natürlicherweise verhalten:

* In Freiheit bilden Hühner Gruppen von bis zu 20 Hennen und einigen Junghähnen unter Führung und Schutz eines Hahns.

* Sie laufen, springen, flattern, scharren und putzen ausgiebig ihr Gefieder.

* Hühner baden mindestens einmal am Tag im Sand – das ist wichtig für ihr Wohlbefinden.

* Sie ruhen und schlafen gern dicht beieinander auf Stangen oder – in der Natur – in Bäumen.

Mastrinder: Zwei Drittel aller Rinder kommen nie zum Grasen auf die Weide.

»»→ Früher hielten die Bauern Kühe, weil sie Milch gaben – und später konnte man sie schlachten und das Fleisch verkaufen. Solche Kühe gibt es heute auch noch, aber viele große Betriebe halten entweder spezielle Milchkuh-Rassen oder Rinder, die für die Fleischerzeugung optimiert sind.

Rinder in Mastbetrieben haben es nicht so gut wie Milchkühe. Es gibt noch einige Betriebe, wo sie fast den ganzen Tag angebunden sind. Nur ein Drittel aller Rinder in Deutschland kommt ab und zu auf die Weide und kann dort Gras fressen.

In der konventionellen Rindermast geht es sehr eng zu: Ein ausgewachsener Bulle hat nur etwa 2,7 Quadratmeter Platz – das ist nicht viel mehr als dein Bett!

Die Kälber werden meist kurz nach der Geburt von der Mutterkuh getrennt. Das widerspricht ihrer natürlichen Lebensweise. Einige Betriebe machen es anders: In der sogenannten Mutterkuhhaltung bleiben die Kälbchen fast ein Jahr mit ihrer Mutter zusammen und trinken deren Milch.

Manche Kälber kommen in spezielle Mastbetriebe und werden schon im Alter von fünf Monaten geschlachtet – also noch als Kinder. Weil viele Menschen möglichst helles Kalbfleisch haben möchten, bekommen sie dort nur Milch und Milchpulver als Futter. Ein kurzes und nicht sehr glückliches Leben.

Kälber- und Rindermast

Kälber werden für einige Wochen einzeln gehalten ...

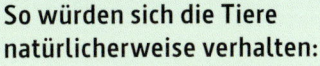

7,7 Mio. Tiere in Deutschland, 95 % davon konventionell gehalten

... und wechseln dann in die Gruppenhaltung.

Mit fünf Monaten wechseln sie in den Laufstall. Pro Stall leben oft 100 Tiere oder mehr.

So würden sich die Tiere natürlicherweise verhalten:

* In Freiheit leben Rinder in Herden von etwa 20 Kühen und ihren Jungtieren. Die Bullen verlassen die Herde im Alter von etwa 2 Jahren, um allein oder in kleinen Gruppen zu leben.

* Die Tiere legen täglich mehrere Kilometer zurück, indem sie im langsamen Vorwärtsgang Gras und Kräuter fressen.

* Rinder bevorzugen weiche und verformbare Böden für einen sicheren Gang.

Futtertisch

Liegebereich: Matratzen mit Einstreu

Fressgang: Betonboden mit Spalten, durch die Kot und Urin fallen

Schweine: Die beliebtesten Fleischtiere müssen in wenigen Monaten ihr Schlachtgewicht erreichen.

>>→ Schweine sind intelligente und sensible Tiere. Ihr Geruchssinn ist sehr fein, und in der freien Natur wühlen sie gern im Boden auf der Suche nach Nahrung. Früher gingen Schweine auch auf die Weide – aber Schweinehirten gibt es nicht mehr. Fast alle Schweine verbringen heute ihr gesamtes Leben in einem Stall, und meistens ist der Boden nicht mit Stroh bestreut, sondern hat Spalten, durch die die Ausscheidungen der Tiere nach unten abfließen können. Das hält zwar den Stall sauber, ist aber für die Schweine nicht sehr gemütlich.

Schweine sind sehr neugierig und sozial, das heißt sie spielen gern zusammen mit anderen Schweinen. Wenn ihr Leben zu eintönig ist, werden sie manchmal aggressiv und beißen ihre Artgenossen in den Schwanz. Deshalb wird immer noch vielen Ferkeln der Schwanz gekürzt. Wenn die Tiere mehr Abwechslung hätten, würden sie sich nicht gegenseitig beißen. Im Schweinestall ist es ziemlich eng: Jedem Tier steht eine Fläche von weniger als einem Quadratmeter zu.

Wenn deutsche Säue, also die weiblichen Schweine, Babys bekommen, werden sie kurz vor der Geburt in die Abferkelbucht gebracht, wo sie sich kaum bewegen können. So soll vermieden werden, dass sie die kleinen Ferkel erdrücken. Für viele Tierschützer ist das eine Quälerei, sie wollen die Kastenstände verbieten, wie in Österreich und der Schweiz.✳

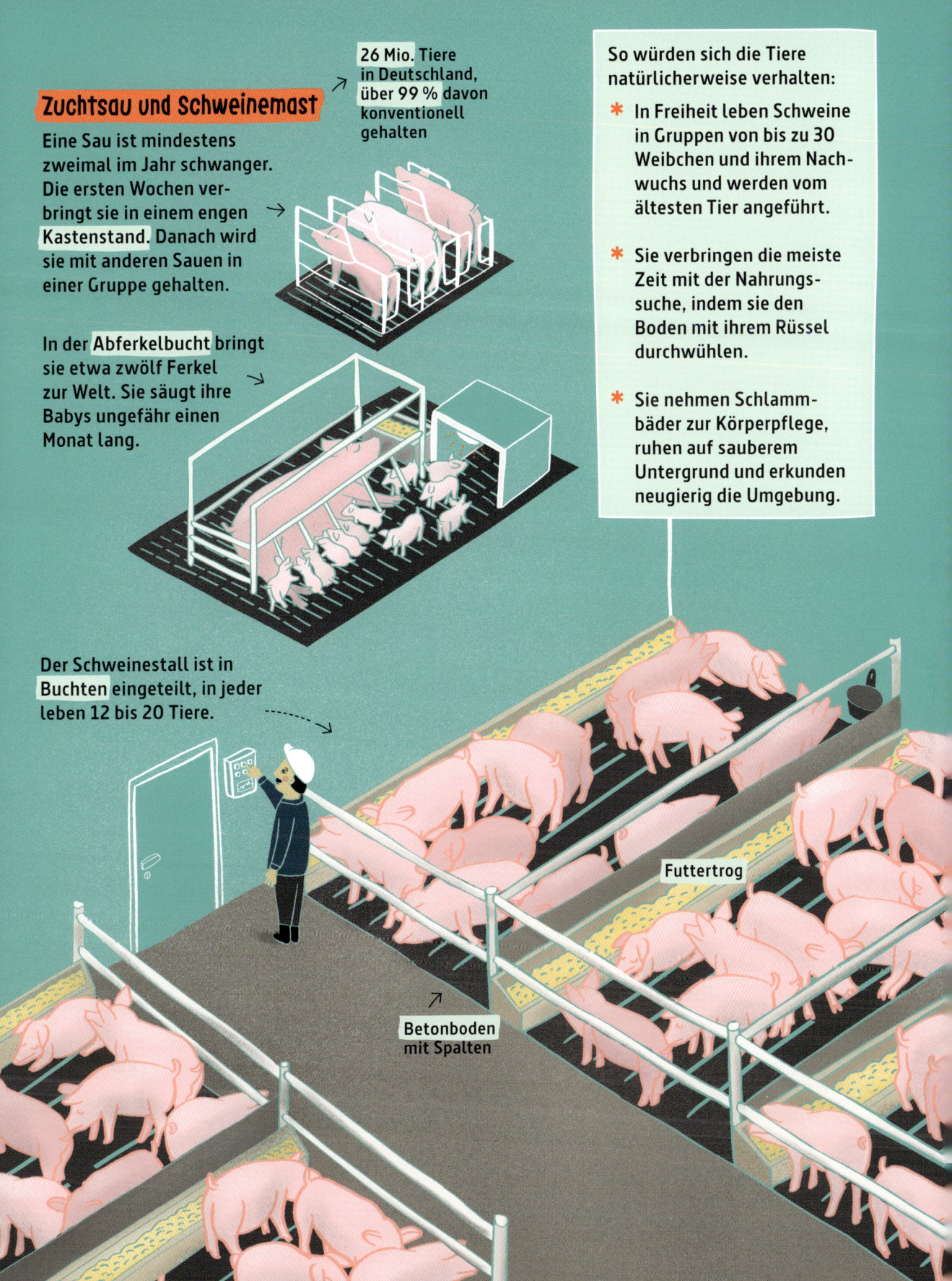

Zuchtsau und Schweinemast

Eine Sau ist mindestens zweimal im Jahr schwanger. Die ersten Wochen verbringt sie in einem engen Kastenstand. Danach wird sie mit anderen Sauen in einer Gruppe gehalten.

26 Mio. Tiere in Deutschland, über 99 % davon konventionell gehalten

In der Abferkelbucht bringt sie etwa zwölf Ferkel zur Welt. Sie säugt ihre Babys ungefähr einen Monat lang.

So würden sich die Tiere natürlicherweise verhalten:

* In Freiheit leben Schweine in Gruppen von bis zu 30 Weibchen und ihrem Nachwuchs und werden vom ältesten Tier angeführt.

* Sie verbringen die meiste Zeit mit der Nahrungssuche, indem sie den Boden mit ihrem Rüssel durchwühlen.

* Sie nehmen Schlammbäder zur Körperpflege, ruhen auf sauberem Untergrund und erkunden neugierig die Umgebung.

Der Schweinestall ist in Buchten eingeteilt, in jeder leben 12 bis 20 Tiere.

Futtertrog

Betonboden mit Spalten

Kraftfutter fürs Fleisch

Was fressen Nutztiere?

➤➤➤ Um all das Fleisch zu produzieren, das wir Menschen essen, müssen die Nutztiere eine Menge Pflanzen fressen. Für 1 Kilogramm Fleisch frisst ein Hähnchen im Lauf seines kurzen Lebens etwa 1,7 Kilo Futter, ein Rind etwa 8 Kilo. Die Nutztiere in Deutschland fressen jedes Jahr 83 Millionen Tonnen Futter, das sind 1000 Kilo für jeden von uns!

Für den Anbau dieses Tierfutters wird mehr Platz gebraucht als für Obst, Gemüse und Getreide, das wir Menschen essen – mehr als ein Viertel der Fläche Deutschlands. Etwa die Hälfte davon sind Wiesen und Weiden, auf der anderen Hälfte werden Getreide, Mais und andere Futterpflanzen angebaut.

Aber nur mit Gras und Körnern kann man moderne Nutztiere nicht aufziehen. Weil sie in kurzer Zeit sehr viel an Gewicht zunehmen müssen, brauchen sie Kraftfutter, das viel Energie liefert. Das muss eine Menge Eiweiß enthalten. Früher war es erlaubt, dem Futter Tiermehl zuzusetzen. Das ist aber seit einiger Zeit verboten.

➤➤➤ Das Eiweiß kommt heute vor allem aus Sojabohnen. Und davon produziert Deutschland nicht genug. Also führen wir

Soja aus Nord- und Südamerika ein. Zu den 10 Millionen Hektar Fläche für Futtermittel in Deutschland kommen deshalb noch einmal 3 Millionen Hektar Soja-Anbaufläche im Ausland dazu. Um diese Importe zu reduzieren, will die Europäische Union in Zukunft mehr eiweißreiche Hülsenfrüchte wie Erbsen oder Luzerne selber anbauen.

»⟶ Die Bauern müssen sich meist nicht mehr um die Zusammensetzung dieses Kraftfutters sorgen – das wird ihnen von Futtermittelfirmen fertig gemischt in den Stall geliefert. Neben den wichtigsten Nährstoffen enthält dieses Spezialfutter zum Beispiel bei Hühnern auch Farbstoffe, die dafür sorgen, dass die Eidotter schön orange sind.

In der Bio-Landwirtschaft wird das Tierfutter zum größten Teil auf dem Hof angebaut, auf dem auch die Tiere gehalten werden. Bio-Tiere erhalten fast ausschließlich Bio-Futter. ✳

3 Mio. Hektar

← Dazu kommt noch die Anbaufläche von Soja im Ausland – die ist so groß wie das Land Brandenburg.

Die Fläche, auf der in Deutschland Tierfutter angepflanz wird, ist so groß wie die Bundesländer Bayern und Hessen zusammen.

10 Mio. Hektar

Medikamente im Stall

Zu viele Antibiotika sind eine Gefahr für Tier und Mensch.

≫→ Wer krank ist, dem kann oft mit Medizin geholfen werden – egal ob Mensch oder Tier. Gegen Krankheiten, die von Bakterien verursacht werden, helfen sogenannte Antibiotika. Früher sind viele Menschen an solchen Infektionen gestorben, heute genügen oft ein paar Pillen und man ist schnell wieder gesund.

Man sollte Antibiotika aber wirklich nur dann einsetzen, wenn sie nötig sind. Denn es gibt einen schlimmen Nebeneffekt: Weil Bakterien sich ständig verändern, man nennt das „mutieren", bleiben nach einer Antibiotika-Behandlung manchmal Bakterien übrig, bei denen das Mittel nicht mehr wirkt. Wenn diese „Antibiotika-resistenten" Bakterien jemanden infizieren, helfen die bewährten Medikamente nicht mehr. Das ist ein Problem. Jedes Jahr sterben in Deutschland etwa 2400 Menschen an Infektionen mit diesen Keimen, in Österreich und der Schweiz sind es jeweils etwa 280.

≫→ Was hat das mit unserem Fleisch zu tun? Bei Untersuchungen wurden diese resistenten Bakterien auf zwei Dritteln aller Supermarkt-Hähnchen gefunden. Selbst Vegetarier werden nicht verschont: Man hat die Bakterien schon auf Gemüse entdeckt, das mit der Gülle von Nutztieren gedüngt wurde.

In der Tierhaltung setzte man bis vor einigen Jahren recht sorglos Antibiotika ein. Die Landwirte verfütterten die Medikamente auch an gesunde Tiere – ein Nebeneffekt ist nämlich, dass Schweine, Rinder und Hühner dann schneller an Gewicht zulegen. Dieser Einsatz von Antibiotika zur Mast ist aber in der Europäischen Union seit 2006 verboten.

Nur wirklich kranke Tiere sollten diese Medizin bekommen. Aber oft wird nicht nur ein einzelnes Tier behandelt, sondern gleich der ganze Stall. Schon weil es zum Beispiel in einer riesigen Halle mit Masthähnchen kaum möglich ist, ein einzelnes krankes Tier von den anderen zu unterscheiden.

➤➤→ Tiere, die in großen Gruppen in einem engen Stall gehalten werden, stecken sich leichter an als Tiere auf kleineren Höfen, die nach draußen dürfen. Deshalb werden in der Massentierhaltung weiterhin viele Antibiotika eingesetzt. Aber zum Glück geht der Verbrauch zurück: Im Jahr 2011 wurden in Deutschland noch 1700 Tonnen Antibiotika eingesetzt, 2018 waren es nur noch 722 Tonnen. ✳

Sind Bio-Tiere glücklicher?

Ein Bio-Siegel garantiert nicht, dass das Tier ein artgerechtes Leben geführt hat.

»→ Konventionelle Landwirtschaft ist böse, Bio ist gut – das gilt nicht immer. Bei der Bezeichnung „bio" geht es vor allem um den Umweltschutz. Das Tierwohl ist nur einer von vielen Punkten, die dabei berücksichtigt werden.

Beispiel Schlachten: Zwar gibt es inzwischen spezielle Bio-Schlachtereien, aber die können gar nicht alle Tiere von Bio-Höfen verarbeiten. Außerdem dürfen Bio-Tiere nicht so weit transportiert werden. Das ist eigentlich eine gute Sache, weil lange Tiertransporte eine Quälerei sind. Aber oft ist der nächste Schlachthof eine ganz normale Großschlachterei. Die Bio-Tiere werden dort zwar getrennt von den anderen geschlachtet, aber das Töten der Tiere passiert auf dieselbe Weise.

Ein großer landwirtschaftlicher Betrieb, der ein Bio-Siegel hat, hält seine Tiere nicht so viel anders als ein konventioneller, die Vorgaben sind nur alle ein bisschen strenger: So hat ein Bio-Schwein Anspruch auf 1,3 Quadratmeter Platz, das konventionelle Schwein nur 0,75. Die Bio-Tiere sehen mehr Tageslicht und freie Natur, sie leben ein bisschen länger, sie bekommen seltener Medikamente verabreicht.

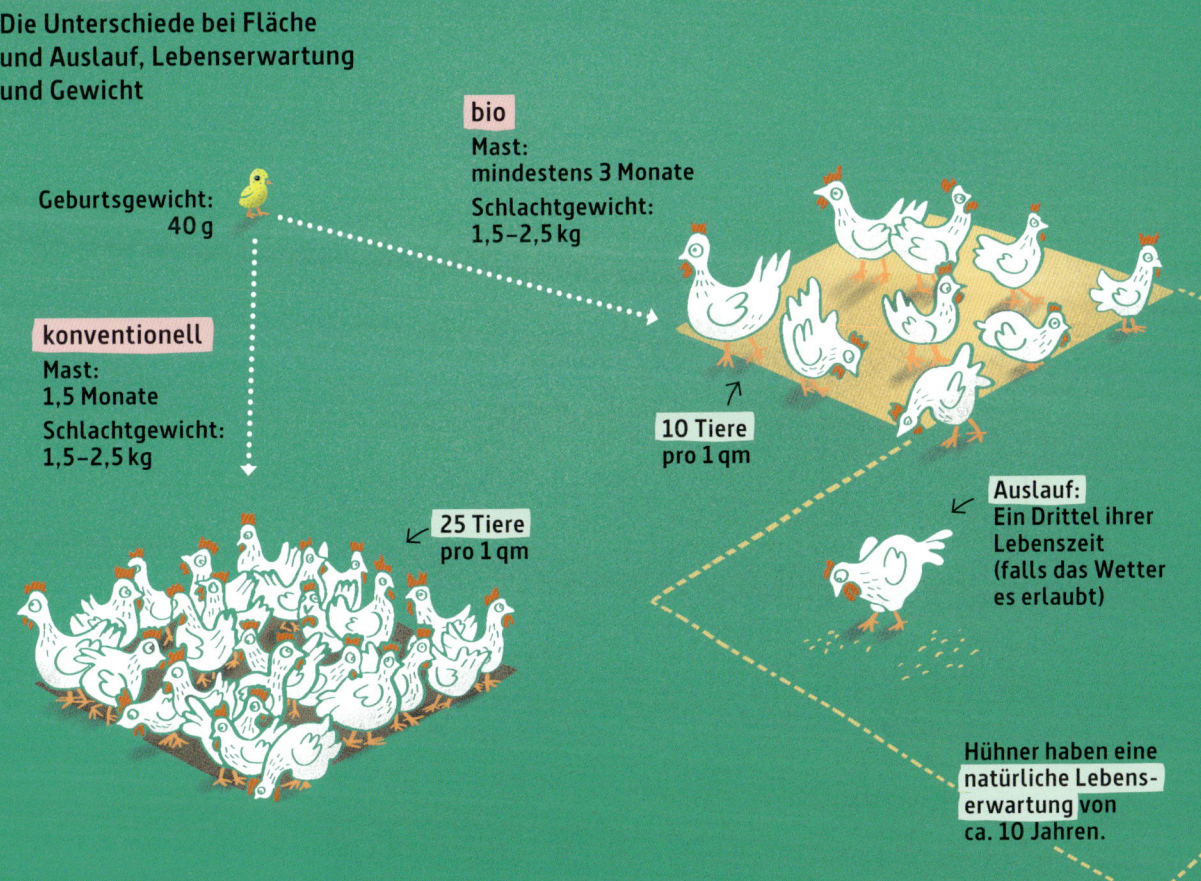

Masthühner

Die Unterschiede bei Fläche und Auslauf, Lebenserwartung und Gewicht

Geburtsgewicht:
40 g

bio
Mast:
mindestens 3 Monate
Schlachtgewicht:
1,5–2,5 kg

konventionell
Mast:
1,5 Monate
Schlachtgewicht:
1,5–2,5 kg

10 Tiere pro 1 qm

25 Tiere pro 1 qm

Auslauf:
Ein Drittel ihrer
Lebenszeit
(falls das Wetter
es erlaubt)

Hühner haben eine
natürliche Lebens-
erwartung von
ca. 10 Jahren.

Bio-Siegel sind also ein erster Anhaltspunkt dafür, dass es dem Tier nicht ganz so schlimm gegangen ist wie anderen. Aber das ist nur eine Faustregel. Viele Bauern, die nicht bio produzieren, fühlen sich dadurch unfair behandelt. Sie kümmern sich vielleicht liebevoller um ihre Tiere als ein Bio-Groß-betrieb, der alle Forderungen des Bio-Siegels erfüllt.

Viele dieser Bauern bekommen ein Siegel vom Neuland-Verein. Das ist die einzige Organisation, die von der Bundesanstalt für Landwirtschaft und Ernährung als „besonders art-gerecht" bezeichnet worden ist. Wer dieses Siegel haben will, muss kein Bio-Bauer sein. Dafür gelten aber strengere Regeln für die Haltung der Tiere als bei den meisten Bio-Betrieben. Alle Tiere haben Stroh auf dem Stallboden, dürfen ins Freie und haben Tageslicht im Stall. Neuland-Fleisch gibt es nicht im Supermarkt, sondern nur in bestimmten Fleischereien und im Internet. Neuland wird auch vom Deutschen Tierschutz-bund unterstützt.

 Ein Bio-Siegel ist keine Garantie dafür, dass es dem Tier wirklich gut gegangen ist. Das konnte man an einer Unter-suchung sehen, die 2019 veröffentlicht wurde. Darin verglich man Bio-Tiere mit konventionellen. Nur bei einem Drittel der Bio-Tiere konnten die Forscher bestätigen, dass sie wirklich

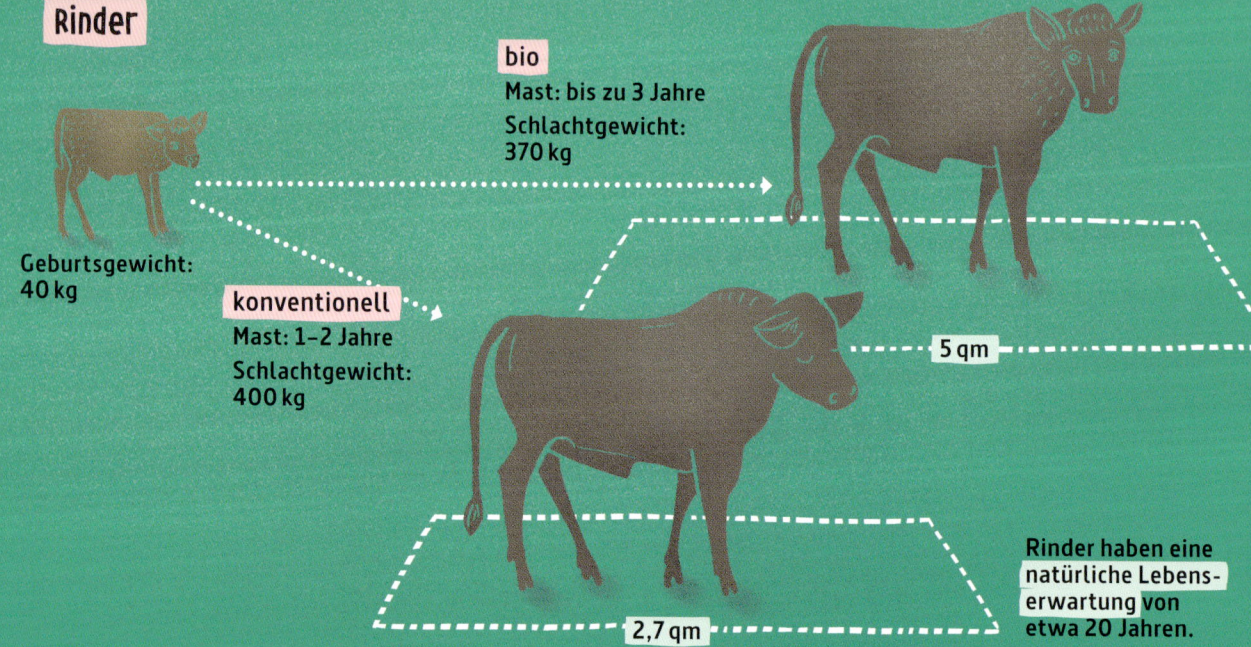

Rinder

bio
Mast: bis zu 3 Jahre
Schlachtgewicht:
370 kg

Geburtsgewicht:
40 kg

konventionell
Mast: 1–2 Jahre
Schlachtgewicht:
400 kg

5 qm

2,7 qm

Rinder haben eine natürliche Lebens-erwartung von etwa 20 Jahren.

gesünder waren. Die Studie sagt, dass die Art, wie der Landwirt seine Tiere behandelt, für deren Gesundheit wichtiger ist
als die Frage „bio oder konventionell". Und dabei ging es nur
um die körperliche Gesundheit – wie die Tiere sich tatsächlich
fühlen, ist noch nirgendwo wirklich untersucht worden.

≫→   Tiere, die wir essen, müssen von klein auf sehr viel fressen, um möglichst schnell das gewünschte Schlachtgewicht zu
erreichen. Keins von ihnen lebt so lange, wie es leben könnte.
Das Fleisch von alten Tieren schmeckt einfach nicht so gut
wie das von jungen. Deshalb werden sie früher geschlachtet
als Eier legende Hennen und Milchkühe. Bio-Bauern lassen
den Tieren etwas mehr Zeit, das Schlachtgewicht zu erreichen.
Man kann aber nicht generell sagen, dass das Tier dann glück-
licher war. ✳

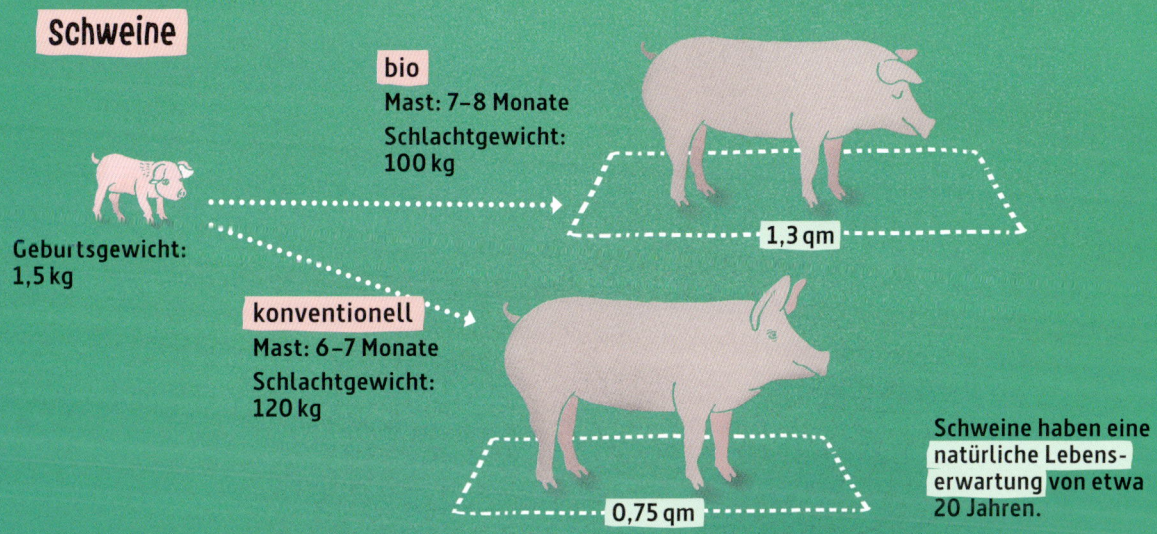

Schweine

Geburtsgewicht:
1,5 kg

bio
Mast: 7–8 Monate
Schlachtgewicht:
100 kg

1,3 qm

konventionell
Mast: 6–7 Monate
Schlachtgewicht:
120 kg

0,75 qm

Schweine haben eine
natürliche Lebens-
erwartung von etwa
20 Jahren.

Tiere auf Achse

Wieso wir auf der Autobahn so viele Tiertransporter sehen

≫→ Nutztiere haben schon im Stall nicht viel Platz. Aber wenn sie in einem Lkw transportiert werden, wird's richtig eng. Dicht hocken sie beieinander, sie wissen nicht, was mit ihnen geschieht, und sie bekommen stundenlang nichts zu fressen und zu trinken. Wenn die Fahrzeuge mehrstöckig sind, ist das besonders bei Rindern ein Problem, denn sie haben auch in der Höhe zu wenig Platz.

Schweine verbringen ihr Leben häufig in drei unterschiedlichen Betrieben, bevor sie geschlachtet werden.

Ferkelerzeuger-betrieb

Ferkelaufzucht-betrieb

Innerhalb Deutschlands dürfen die Tiertransporte maximal acht Stunden dauern, aber manche Strecken sind viel länger: So werden deutsche Tiere in asiatische und afrikanische Länder transportiert, um dort geschlachtet zu werden. Das dauert mehrere Tage. Denn andere Kulturen schlachten mit einer besonderen Technik (siehe Seite 18) und möchten die Tiere deshalb gern lebend kaufen.

Zwar regelt ein europäisches Gesetz die Bedingungen für Tiertransporte, aber Tierschützer halten es nicht für ausreichend. Außerdem wird oft dagegen verstoßen, viele Tiere verletzen sich beim Transport oder sterben sogar.

>>→ Einmal im Leben wird fast jedes Nutztier transportiert: Wenn es zum Schlachthof gefahren wird. Über 700 Millionen Tiere treten jedes Jahr in Deutschland diese letzte Reise an. ✳

Mastbetrieb

Schlachterei

Supermarkt ••••→

Wie sieht ein Schlachthof aus?

>>> Große Schlachthöfe töten und zerlegen mehr als 10.000 Schweine am Tag.

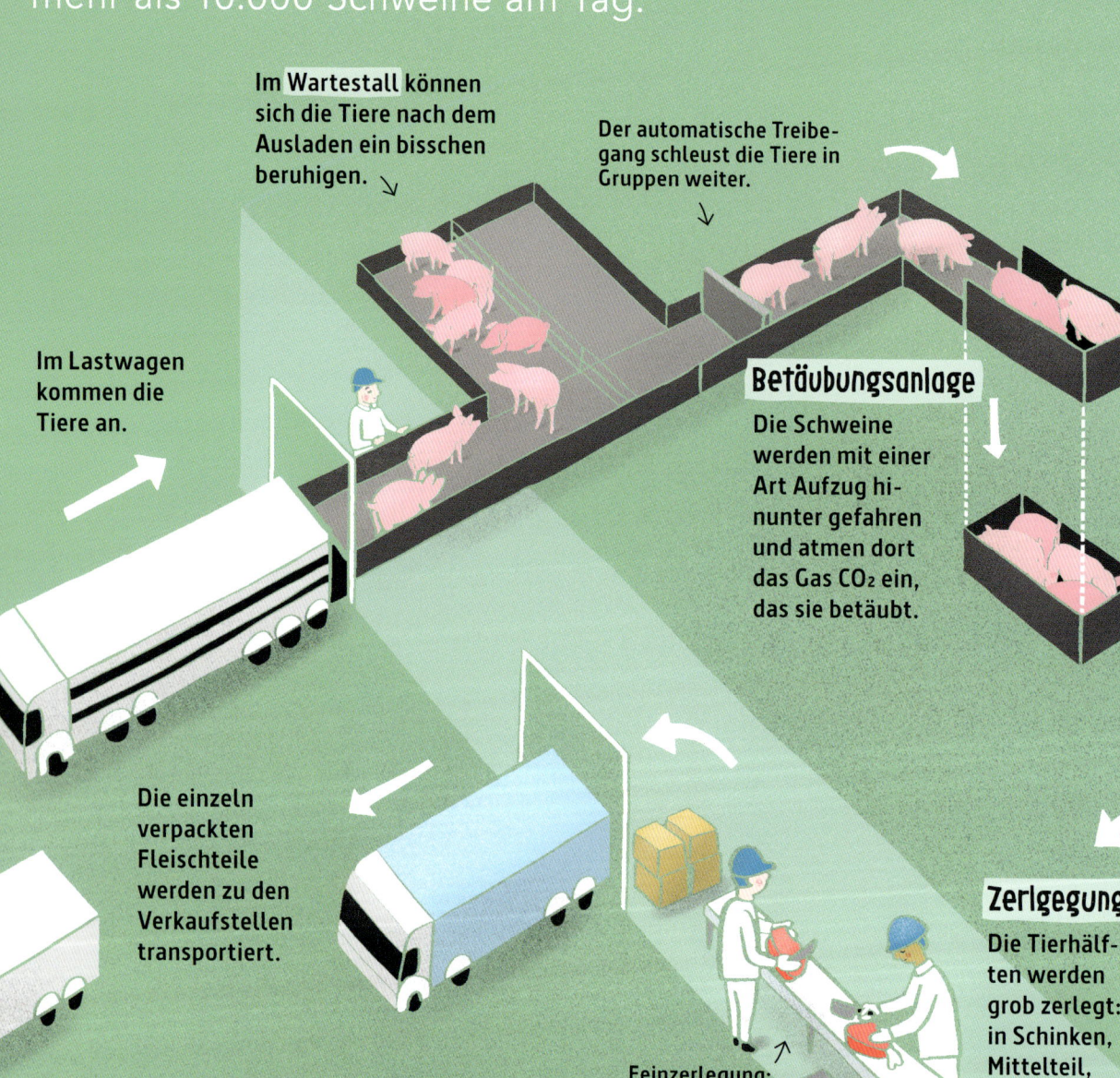

Im Wartestall können sich die Tiere nach dem Ausladen ein bisschen beruhigen.

Der automatische Treibegang schleust die Tiere in Gruppen weiter.

Im Lastwagen kommen die Tiere an.

Betäubungsanlage

Die Schweine werden mit einer Art Aufzug hinunter gefahren und atmen dort das Gas CO_2 ein, das sie betäubt.

Die einzeln verpackten Fleischteile werden zu den Verkaufstellen transportiert.

Zerlegung

Die Tierhälften werden grob zerlegt: in Schinken, Mittelteil, Schulterteil mit Nacken.

Feinzerlegung: Trennung von Fleisch und Knochen

Tierärztliche Kontrolle

Jedes einzelne Schwein wird bei der Ankunft von einem Tierarzt untersucht. Bei der Fleischuntersuchung schaut sich später ein amtlicher Experte den Tierkörper an. Ist alles in Ordnung, bekommt das Tier einen Stempel.

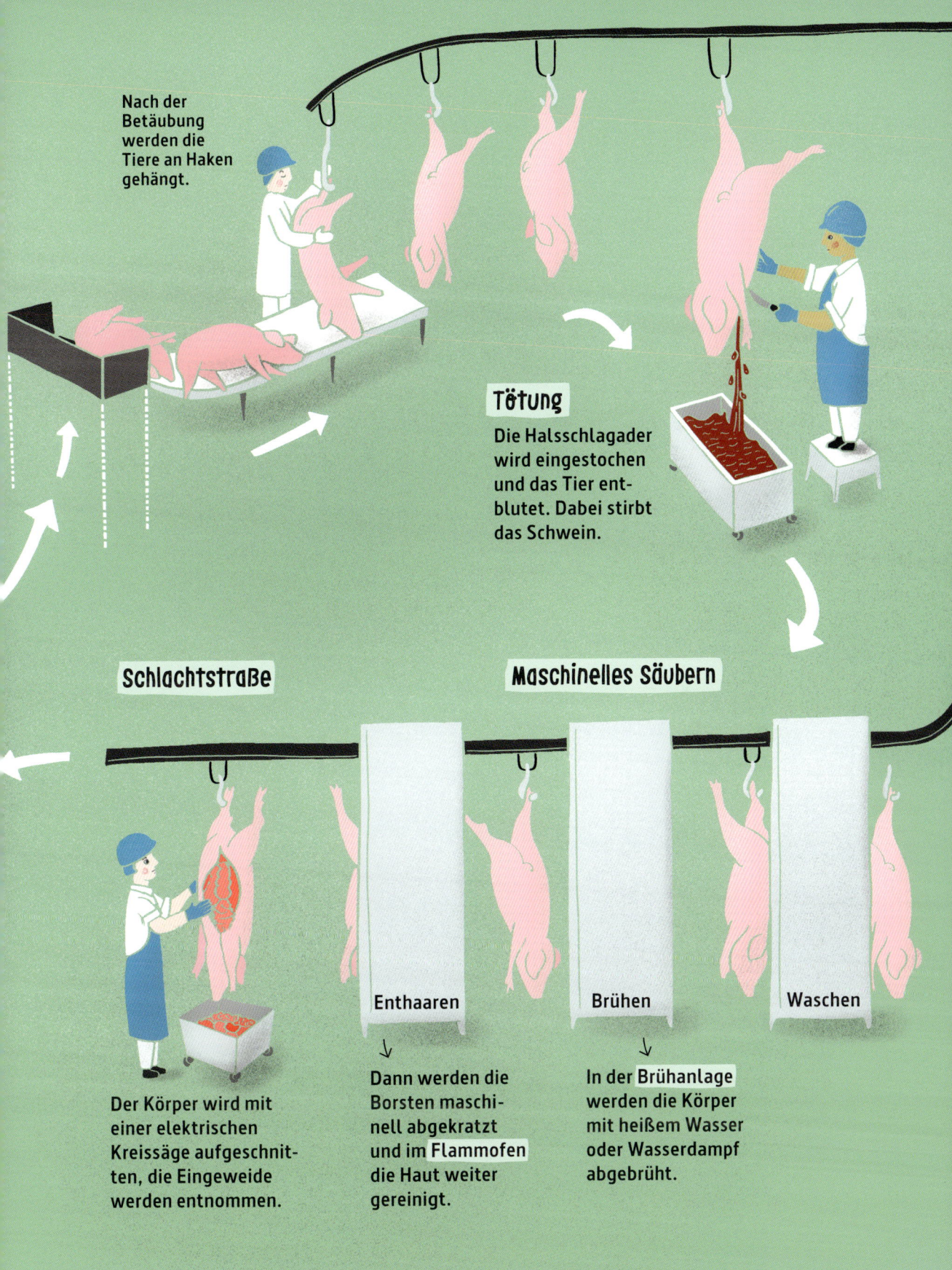

Nach der Betäubung werden die Tiere an Haken gehängt.

Tötung

Die Halsschlagader wird eingestochen und das Tier entblutet. Dabei stirbt das Schwein.

Schlachtstraße

Maschinelles Säubern

Enthaaren

Brühen

Waschen

Der Körper wird mit einer elektrischen Kreissäge aufgeschnitten, die Eingeweide werden entnommen.

Dann werden die Borsten maschinell abgekratzt und im Flammofen die Haut weiter gereinigt.

In der Brühanlage werden die Körper mit heißem Wasser oder Wasserdampf abgebrüht.

Ohne Qual sterben

Jedes Nutztier wird irgendwann getötet. Gibt es Schlachtmethoden, bei denen es weniger leidet?

>>→ Immer wieder gibt es Skandale um große Schlachthöfe. In diesen Fleischfabriken, in denen pro Tag bis zu 20.000 Tiere getötet werden, arbeiten Menschen, die nicht sehr gut bezahlt werden. Die Tiere sind häufig gestresst und haben Angst, weil sie aus ihrer gewohnten Umgebung gerissen werden. Erst werden sie in einen Transporter gepfercht, im Schlachthof kommen sie mit vielen unbekannten Artgenossen zusammen.

Immer mehr Bauern wollen ihre Tiere nicht nur zu Lebzeiten gut behandeln, sondern ihnen auch beim Sterben Leid ersparen. Etwa, indem sie die Tiere in ihrer gewohnten Umgebung töten. Bei Rindern, die draußen auf der Weide grasen, ist die Methode des Kugelschusses erlaubt: Der Bauer oder ein Jäger schießt dem Tier eine Kugel in den Kopf. Das klingt brutal, aber das Rind wird dabei sofort betäubt, dann mit einem Messer getötet und ganz schnell in den nächsten Schlachtbetrieb gebracht. Es gibt auch „Schlachtmobile", die von Hof zu Hof fahren und die Tiere vor Ort schlachten.

Aber auch im Schlachthof lässt sich das Leiden vermindern, vor allem in den letzten Minuten vor dem eigentlichen

Schlachtvorgang. Es gibt Schlachthöfe, in denen die Tiere Zeit in einem Ruheraum verbringen, damit sich ihre Aufregung legt und sie ihre letzten Stunden ohne Stress erleben.

Das Gesetz schreibt vor, dass Schlachttiere betäubt werden, bevor man mit einem Messer in ihre Halsschlagader sticht und sie ausbluten lässt. Dafür gibt es im Prinzip drei Methoden: den Schuss in den Kopf, einen elektrischen Stromschlag oder die Betäubung mit einem Gas. Alle haben ihre Vor- und Nachteile. In den Großschlachtereien (siehe Seite 54) werden vor allem Schweine meist mit dem Gas Kohlendioxid betäubt. Danach spüren sie zwar überhaupt nichts mehr, aber kurz bevor sie betäubt sind, haben sie das Gefühl zu ersticken. Deshalb wird weiter an Betäubungsmethoden geforscht, mit denen die Tiere sofort bewusstlos werden.

In Schlachtmobilen werden Rinder auf dem Hof getötet.

Bedrohte Arten

Viele Nutztierrassen sind vom Aussterben bedroht.

»→ Keines der Nutztiere, die wir essen, sieht noch so aus wie seine Vorfahren aus der Urzeit. Vor 10.000 Jahren begann der Mensch, Landwirtschaft zu betreiben und die Tiere zu züchten: Man wählte zum Beispiel immer die Kuh, die am meisten Milch gab, oder das Huhn, das am meisten Eier legte, als Muttertier für die nächste Generation aus.

Im Moment gibt es ungefähr 8000 Nutztierrassen auf der Welt, aber viele davon sind vom Aussterben bedroht. In der industriellen Viehhaltung werden nämlich weltweit nur noch wenige Schweine-, Hühner- oder Rinderrassen eingesetzt.

Diese Rassen sind so auf Fleisch-, Milch- oder Eierproduktion optimiert, dass sie nur noch im Stall und mit speziellem Kraftfutter leben können. Traditionelle Arten sind dagegen Zwei- oder sogar Dreinutzungstiere (siehe Seite 60), sie sind nicht so anfällig für Krankheiten wie die Industrierassen.

»→ Inzwischen wenden sich viele kleinere Bauern wieder den traditionellen Tierarten zu. Ihr Motto: „Erhalten durch Aufessen" – wenn die Arten tatsächlich zur Fleischproduktion verwendet werden, sind sie vor dem Aussterben geschützt. ✳

Um 1900 gab es in Bayern 35 Rinderrassen.

Fleckvieh   Braunvieh   Schwarzbunte

Heute gehören über 99 % der Rinder in Bayern zu diesen drei Rassen.

Rettet die Männchen!

Zweinutzungstiere: Auch die Brüder von Legehennen und Milchkühen können nützlich sein.

»——➤ Im modernen Stall zählt vor allem die Leistung: Die Tiere, die geschlachtet werden, sollen möglichst schnell möglichst viel Fleisch ansetzen. Eine Milchkuh produziert unglaubliche 8500 Liter Milch pro Jahr, eine Legehenne legt fast 300 Eier. Um solche Rekordwerte zu erreichen, sind die Nutztierrassen auf spezielle Eigenschaften hin gezüchtet worden. Die Milchkühe, die etwa die Hälfte aller Rinder in Deutschland ausmachen, sind keine guten Fleischlieferanten, ebenso wie die Legehennen.

Milch und Eier produzieren nur die weiblichen Tiere. Es werden aber gleich viele Weibchen und Männchen geboren. Was passiert mit den Brüdern? Die männlichen Küken werden meist direkt nach dem Schlüpfen aussortiert und getötet. 50 Millionen Küken sterben jährlich in Deutschland an ihrem ersten Lebenstag – Tierschützer sind empört.

Ab 2022 will die Bundesregierung das „Schreddern" der Küken verbieten. Es gibt nämlich Verfahren, mit denen man das Geschlecht der Küken schon früh im Ei erkennen kann. Man kann die männlichen Eier dann aussortieren und muss nicht

die Küken töten. Aber es geht auch anders: Man könnte die „Bruderhähne" am Leben lassen und ihnen mehr Zeit geben, zu schlachtfähigen Tieren heranzuwachsen. Das ist allerdings teurer.

Die Brüder der Milchkühe dürfen am Leben bleiben, aber sie werden oft schlecht behandelt, weil ihr Fleisch weniger Geld einbringt als das von speziell dafür gezüchteten Mastbullen.

»→ Sowohl bei den Hühnern als auch bei den Rindern würden diese Probleme gar nicht erst entstehen, wenn man wieder verstärkt Zweinutzungstiere züchten würde. Also Hühnerrassen, die sowohl Eier als auch Fleisch geben, und Rinder für Milch und Fleisch. Von den deutschen Rindern gehören heute schon 40 Prozent der Tiere zu solchen Rassen. Bis ins vergangene Jahrhundert gab es sogar Dreinutzungsrinder: Die haben den Bauern nicht nur mit Milch und Fleisch versorgt, sondern auf dem Bauernhof auch noch Arbeit verrichtet, zum Beispiel schwere Wagen gezogen. Das machen heute aber Maschinen. ✳

FLEISCH UND UMWELT

⫸ Trägt unser Fleischkonsum zum Klimawandel bei? Verschmutzt er Flüsse und Seen? Gibt es saubere Alternativen? Und ist vegetarisches Essen wirklich umweltfreundlicher?

Fleisch braucht Platz

Damit wir Fleisch essen können, sind große
Flächen nötig, manchmal in fernen Ländern.

⯈⟶ Fleisch essen wir vor allem, damit unser Körper Eiweiß
bekommt, auch Protein genannt. Aber wir können auch Pflanzen essen, die Eiweiß enthalten, zum Beispiel Erbsen. Was ist
besser für die Umwelt? Dazu muss man unterschiedliche Fak-
toren untersuchen: Wie viel landwirtschaftliche Fläche brauche
ich? Wie viele schädliche Treibhausgase werden dabei ausge-
stoßen? Und so weiter.

Bevor die Tiere geschlachtet werden, müssen wir sie aber
erst einmal aufziehen, indem wir sie mit Pflanzen füttern (siehe
Seite 44). Natürlich wird nicht jedes Gramm pflanzlicher Nahrung am Ende in ein Gramm Fleisch umgewandelt. Das Tier
verbraucht ja auch Energie in der Zeit, in der es lebt. Ein Rind
braucht 800 Gramm Pflanzen, um 100 Gramm Fleisch anzuset-
zen, ein Schwein 300 Gramm und ein Huhn 200 Gramm.

⯈⟶ Die pflanzliche Nahrung bekommen Tiere entweder, indem sie draußen auf der Weide grasen, oder indem sie im
Stall gefüttert werden. In beiden Fällen ist dafür eine gewis-
se Fläche notwendig. Wie viel, das haben wir ausgerechnet

Rindfleisch

Die Fläche eines großen Wohnzimmers ist nötig, um in einem Jahr 100 Gramm Rindfleisch zu produzieren.

32,8 qm

Erbsen

Für die Produktion von 100 Gramm Erbsen, die auch viel Protein enthalten, wird nur die Sitzfläche eines Stuhls benötigt.

0,2 qm

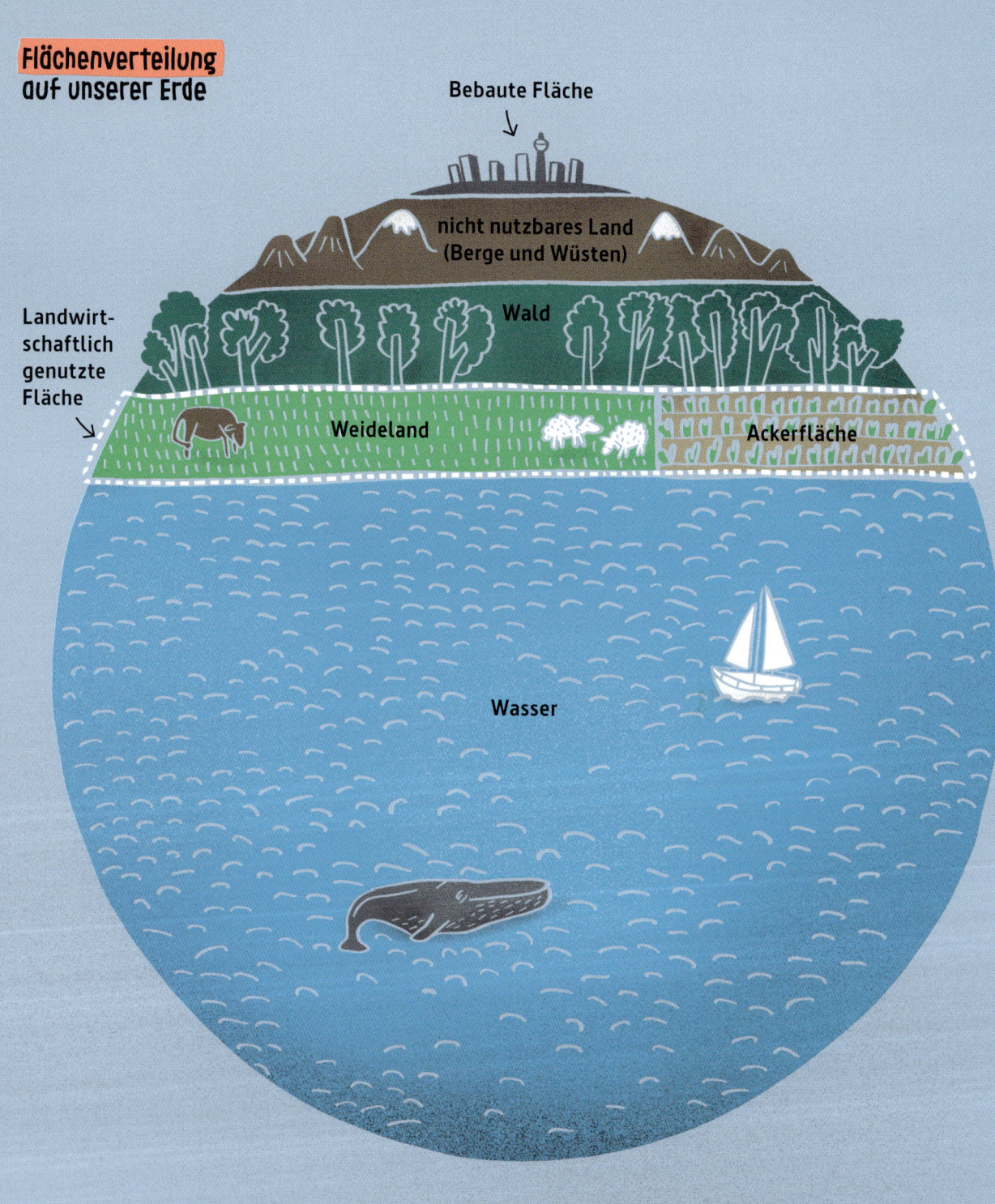

Flächenverteilung auf unserer Erde

Bebaute Fläche

nicht nutzbares Land
(Berge und Wüsten)

Wald

Landwirtschaftlich genutzte Fläche

Weideland

Ackerfläche

Wasser

und euch am Beispiel eines Rinds aufgezeichnet. Damit du ein Schnitzel essen kannst, wird die Fläche eines großen Wohnzimmers benötigt!

≫→ Weil die Menschen immer mehr Fleisch essen wollen, wird ein großer Teil der Erdoberfläche inzwischen für Tierfutter genutzt. Ein Viertel des Teils der Erdoberfläche, der nicht mit Eis überzogen ist, besteht aus Weideland! Um neue Flächen zu finden, auf denen man Rinder und Schafe grasen lassen kann, werden in manchen Teilen der Welt Bäume im Urwald gefällt, die Fläche wird in Weideland verwandelt. Besonders im tropischen Regenwald in Südamerika ist das ein Problem. In diesem Urwald leben viele seltene Tier- und Pflanzenarten, er ist auch die Heimat einiger Ureinwohner, die abseits der Zivilisation leben. Und er ist wichtig für das Klima des Planeten.

≫→ Unser Fleisch braucht also Platz – und zwar immer mehr, denn die Menschheit wächst immer noch. Von derzeit etwa 7,5 Milliarden Menschen auf fast 10 Milliarden im Jahr 2050 (siehe Seite 96). Also muss es noch mehr Flächen für Tierfutter geben. Außerdem muss man versuchen, mit chemischen Düngemitteln noch mehr aus jedem Acker herauszuholen. Beides ist nicht gut für unsere Umwelt. ✳

Das Wasser im Fleisch

In jedem Steak und jedem Würstchen ist eine Menge Wasser versteckt.

»⟶ Jeder Deutsche verbraucht ungefähr 125 Liter Wasser pro Tag – fürs Duschen, Wäschewaschen, ein wenig davon trinken wir auch. Das ist das Wasser, das aus dem Hahn kommt. Gleichzeitig verbraucht jeder von uns aber auch 4000 Liter Wasser, die er oder sie gar nicht sieht. Es wird „virtuelles Wasser" genannt. Was bedeutet der Begriff? Für die Herstellung unserer Nahrungsmittel, aber auch anderer Dinge des täglichen Lebens wird Wasser benötigt. Beim Fleisch ist es das Wasser, das die Futterpflanzen zum Wachsen brauchen, das Trinkwasser des Tiers, aber auch Wasser, das für die Reinigung der Ställe benötigt wird.

Deutschland, Österreich und die Schweiz sind ziemlich wasserreiche Länder, weil es bei uns viel regnet. In anderen Ländern ist Wasser knapp. Wenn wir Erdbeeren aus Spanien einführen, dann steckt in denen zwar genauso viel virtuelles Wasser wie in einheimischen Früchten. Aber es kommt nicht vom Regen, sondern wird aus dem Boden gepumpt, und dieses Grundwasser wird dann immer weniger. Man unterscheidet deshalb mehrere Arten von virtuellem Wasser:

Grünes Wasser

ist Regenwasser oder das, was Pflanzen direkt aus dem Boden aufnehmen. Es steckt zum Beispiel im Gras, das Rinder fressen, und stellt bei uns kein großes Problem dar.

Blaues Wasser

ist entweder hochge- pumptes Grundwasser oder Wasser aus Flüssen und Seen. In vielen Ländern wird es zur Be- wässerung von Pflanzen benutzt.

Graues Wasser

ist Wasser, das bei der Produktion verschmutzt wird, etwa durch die Ausscheidungen von Tieren.

➤➤➤ Die gute Nachricht: Das sieht zwar nach einer enormen Wasserverschwendung aus, aber beim Fleisch, das in Deutsch- land produziert wird, sind um die 80 Prozent des virtuellen Wassers grün, also Regenwasser. Beim Rindfleisch sind es so- gar 87 Prozent, weil zumindest einige Kühe auf die Weide dür- fen. Im Schweinefleisch dagegen steckt mehr blaues Wasser, weil Schweine viel importiertes Kraftfutter fressen.

Fleisch enthält mehr virtuelles Wasser als die meisten pflanzlichen Produkte, weil die Tiere ja ein Vielfaches ihres Gewichts an Pflanzen fressen müssen. Aber es gibt Ausnahmen: Einige Pflanzenprodukte brauchen sehr viel Wasser für ihre Herstellung. Zum Beispiel Mandeln: Für jede einzelne von ihnen sind acht Liter Wasser nötig! Und Mandeln wachsen vor allem in südlichen Regionen, wo es nicht so viel regnet. Eine einzige

Wasserverbrauch Rindfleisch

Insgesamt werden bei der Produktion von 100 Gramm Rindfleisch 809 Liter Wasser verbraucht, das sind etwa 81 Eimer.

707 Liter (71 Eimer) davon sind Grünes Wasser, das für die Natur unbedenklich ist ...
↓

... und 102 Liter (10 Eimer) sind Blaues und Graues Wasser, was problematisch ist.

Avocado, die auch oft in trockenen Gebieten angebaut wird, braucht über 280 Liter Blaues und Graues Wasser – das ist so viel, wie wenn man die Dusche eine halbe Stunde laufen lässt!

≫→ Virtuelles Wasser steckt natürlich auch in anderen Produkten: in einem Auto etwa 400.000 Liter, in einem Computer 20.000 Liter.

Blaues und Graues Wasser im Vergleich

Diese Mengen an anderen Lebensmitteln verbrauchen auch 102 Liter Blaues und Graues Wasser bei der Produktion.

15 g Mandeln

90 g Reis

90 g Avocado

140 g Schweinefleisch

190 g Butter

240 g Hühnerfleisch

100 g Rindfleisch =

380 g Eier

530 g Brot

2,3 kg Bananen

2,5 kg Kartoffeln

2,7 kg Äpfel

Es stinkt zum Himmel

Wohin mit den Ausscheidungen der Tiere?

➤➤→ Die Tiere, die unser Fleisch liefern, scheiden Kot und Urin aus – aber das nennt man in der Landwirtschaft nicht so. Je nachdem, ob die Ausscheidungen fest oder flüssig sind oder ob sie mit Stroh vermischt sind, redet man von Jauche, Gülle oder Mist. Oder auch ganz vornehm von „Wirtschaftsdünger".

Tiere gehen nicht aufs Klo, ihre Ausscheidungen werden vom Bauern aufgefangen. Es sind sehr wertvolle Stoffe: Sie enthalten nämlich Substanzen, die Pflanzen wachsen lassen, zum Beispiel Stickstoff und Phosphat. Auf einem Bauernhof, der sowohl Tiere hält als auch Pflanzen anbaut, kann man die Gülle auf dem Feld verteilen.

Allerdings ist es wichtig, dass man das nicht übertreibt. Die Nährstoffe sollen ja von den Pflanzen aufgenommen werden und nicht im Boden versickern. Wenn sie nämlich ins Grundwasser gelangen und dann in unser Trinkwasser, schaden sie dem Menschen. Also sollte zum Beispiel nicht im Winter mit Gülle gedüngt werden, wenn die Pflanzen gar nicht wachsen.

Inzwischen gibt es in manchen Gegenden Deutschlands sehr viele landwirtschaftliche Betriebe, die Tiere halten, aber gar

keine Ackerflächen und Wiesen haben. Sie versuchen dann, ihre Gülle an andere Bauern zu verkaufen – sie wird durchs ganze Land gefahren. Es gibt sogar einen internationalen „Gülle-Tourismus", manche deutschen Bauern kaufen ihren holländischen Kollegen die stinkende Brühe ab.

Es gibt viele Gesetze und Verordnungen darüber, wie viel Gülle die Bauern in welcher Jahreszeit aufs Feld bringen dürfen. Wenn der Stickstoff nämlich nicht von Pflanzen aufgenommen wird, kann er ins Grundwasser geraten: Bei einem Fünftel der Messstellen in Deutschland wird der Grenzwert für Nitrat im Grundwasser überschritten.

»→ Bio-Bauernhöfe stehen beim Gülleproblem erheblich besser da als konventionelle: Für jedes Tier, das sie halten, müssen sie eine bestimmte Anbaufläche für Pflanzen haben. So können sie die Ausscheidungen ihrer Tiere als Biodünger auf den eigenen Feldern verwenden und haben nicht zu viel Gülle. ✳

Fleisch und Klima

Unser Fleischkonsum trägt zur Erwärmung der Erde bei.

>> Du hast wahrscheinlich schon vom Klimawandel gehört. Die Art, wie wir leben, trägt dazu bei, weil wir zu viele Treibhausgase in die Luft blasen. Das wichtigste ist Kohlendioxid, chemisch CO_2. Das entsteht zum Beispiel bei der Verbrennung von Kohle, Gas oder Benzin. Es macht nur einen winzigen Teil der Luft aus, aber das reicht schon aus, um die Sonnenstrahlen ähnlich einzufangen wie die Glasscheiben eines Treibhauses. Der Mensch hat durch seine Aktivitäten diesen Effekt verstärkt, und nun wird es immer wärmer auf der Erde.

Auch die Landwirtschaft produziert solche schädlichen Klimagase. Die Zahlenangaben dazu sind sehr unterschiedlich, je nachdem, wie sie berechnet werden. Die Bundesregierung sagt, der Anteil der Landwirtschaft an den Treibhausgasen beträgt acht Prozent, andere Schätzungen liegen viel höher.

Grundsätzlich ist es so, dass Pflanzen CO_2 aus der Luft aufnehmen, während Tiere CO_2 ausatmen und in die Atmosphäre pusten. Viel mehr Treibhausgase entstehen aber durch die Produktion des Tierfutters und vor allem der künstlichen Düngemittel, die auf die Felder gebracht werden. Außerdem müssen

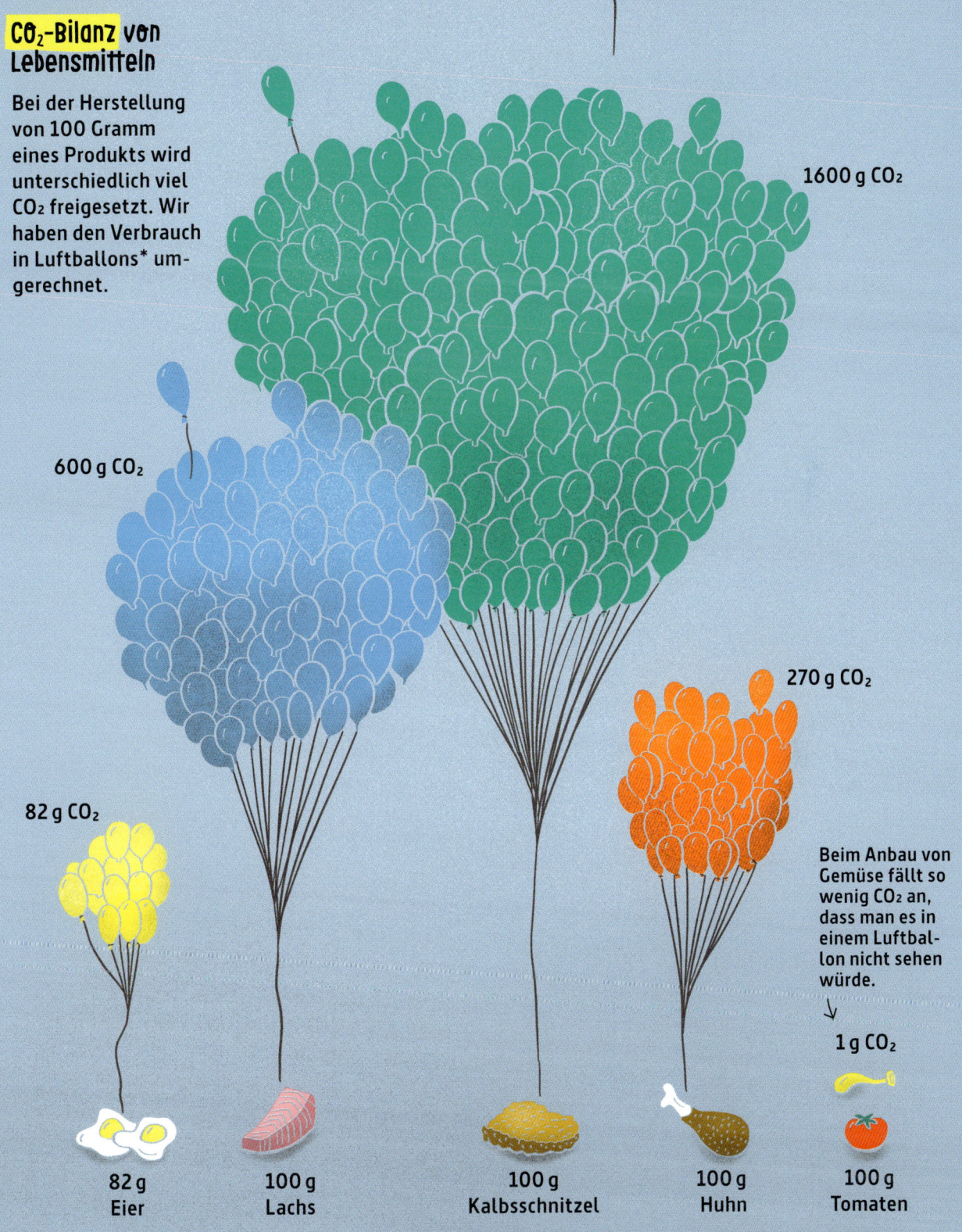

CO₂-Bilanz von Lebensmitteln

Bei der Herstellung von 100 Gramm eines Produkts wird unterschiedlich viel CO₂ freigesetzt. Wir haben den Verbrauch in Luftballons* umgerechnet.

1600 g CO₂

600 g CO₂

270 g CO₂

Beim Anbau von Gemüse fällt so wenig CO₂ an, dass man es in einem Luftballon nicht sehen würde.

↓

1 g CO₂

82 g CO₂

82 g Eier	100 g Lachs	100 g Kalbsschnitzel	100 g Huhn	100 g Tomaten

*Ganz korrekt ist das Bild nicht. CO₂ ist schwerer als Luft, deshalb würden die Ballons nicht nach oben steigen!

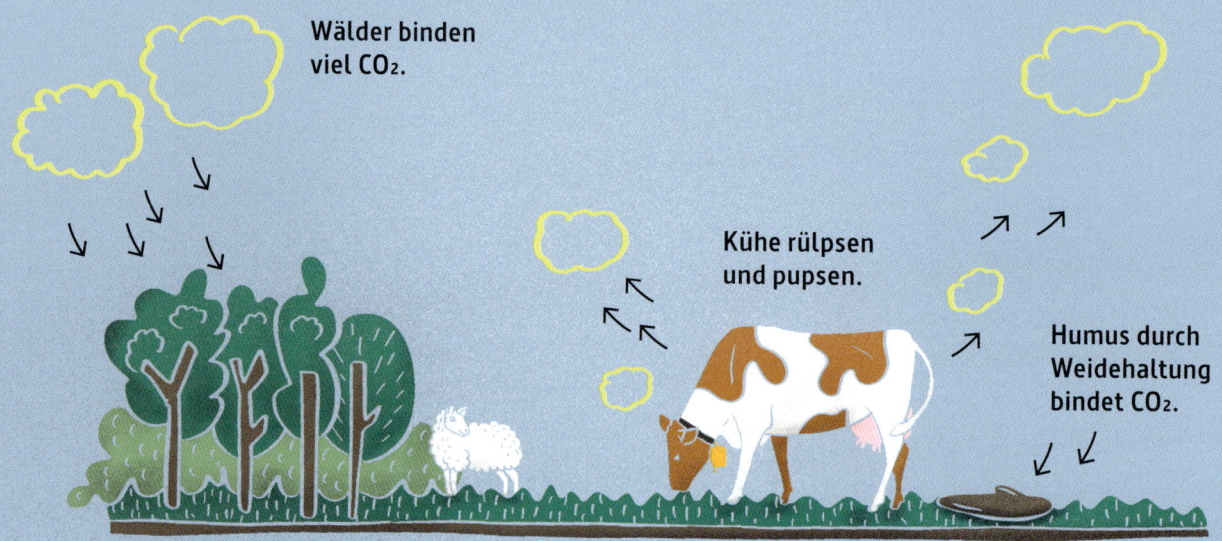

Wälder binden viel CO_2.

Kühe rülpsen und pupsen.

Humus durch Weidehaltung bindet CO_2.

Ställe geheizt werden, Tiere und Futtermittel werden hin und her transportiert – jedes Mal wird dabei CO_2 erzeugt. Wie viel bei der Herstellung von unterschiedlichen Produkten entsteht, siehst du auf der vorhergehenden Seite.

>>→ Beim Rindfleisch kommt noch ein weiterer Faktor dazu: Die Rinder rülpsen und pupsen viel mehr als andere Nutztiere. Und das Gas, das sie dabei ausstoßen, enthält Methan. Die Mengen sind zwar nicht riesig, aber dieses Methan ist noch viel klimaschädlicher als CO_2, 25-mal so schlimm.

Wie kompliziert die Zusammenhänge dabei sind, zeigen aber andere Berechnungen. Es kommt nämlich zum Beispiel bei Rindern darauf an, wie sie gehalten werden. Wenn sie ihr Leben lang im Stall stehen, mit Kraftfutter aus Soja aufgezogen werden und dabei kräftig Methan erzeugen, ist das sehr

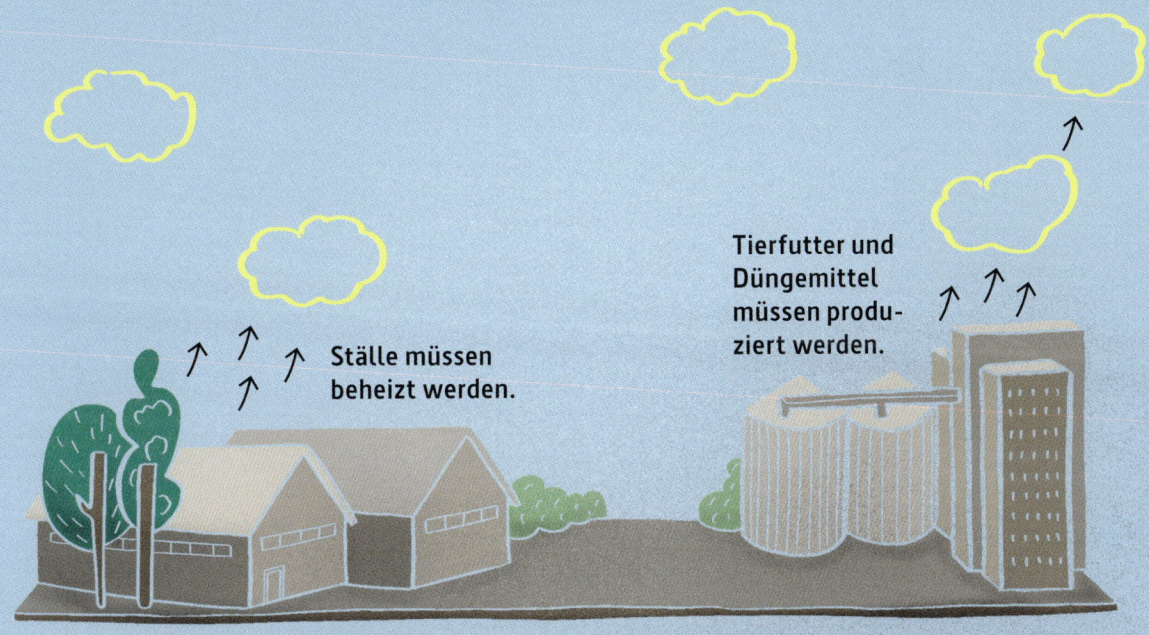

Ställe müssen beheizt werden.

Tierfutter und Düngemittel müssen produziert werden.

schlecht für das Klima. Wenn ein Rind dagegen die meiste Zeit auf der Weide verbringt, dann braucht es zwar länger, um sein Schlachtgewicht zu erreichen, und pupst und rülpst entsprechend mehr Gase aus. Aber auf der Weide düngt es gleichzeitig mit seinen Kuhfladen den Boden, der bildet Humus (so nennt man die fruchtbare Erde). Das Gras wächst wieder neu, und insgesamt bindet der Boden eine Menge CO_2. Manche Wissenschaftler sagen sogar, dass eine Kuh auf der Weide positiv fürs Klima ist.

➤➤➤ Die schädlichen Klimafolgen der Landwirtschaft lassen sich verringern, indem wir weniger Tiere halten. Aber auch die Art der Haltung hat einen großen Einfluss – je natürlicher die Tiere leben, umso besser ist das fürs Klima. ✳

Veggie: nicht immer besser

Auch für vegetarisches Essen sterben Tiere und es ist nicht unbedingt besser für die Umwelt

>>→ Es werden inzwischen eine Menge an vegetarischen „Ersatzprodukten" für Fleisch angeboten. Ein paar davon stellen wir im nächsten Kapitel vor, es gibt aber noch eine Menge anderer: Soja-Bratlinge, Veggie-Wurst, Burger aus Linsen und Erbsen. Zwar kann man sich in den meisten Fällen darauf verlassen, dass der Umwelt-„Fußabdruck" dieser Produkte (also die Summe aller Umweltfolgen) kleiner ist als der von Fleischprodukten. Aber nur weil „vegetarisch" draufsteht, heißt das noch nicht, dass keine Tiere dafür sterben müssen. Denn Milchprodukte und Eier kommen ja auch von Tieren und stecken in vielen vegetarischen Produkten.

Zwei Journalistinnen der Zeitschrift *Stern* haben einmal eine Rechnung aufgemacht und herkömmliche Wurst mit einer Veggie-Wurst verglichen, die zu 70 Prozent aus Eiklar besteht. So sah die Rechnung aus: Aus einem durchschnittlichen Schwein kann man etwa 103 Kilogramm Wurst herstellen. Ersetzt man die durch das vegetarische Produkt, braucht man 72 Kilogramm Eiklar. Das ist eine Menge: rund 2174 Eier!

Eine Legehenne legt im Lauf ihres Lebens aber nur etwa

375 Eier. Das heißt: Man braucht das Lebenswerk von fast sechs Hennen, um die Wurst aus einem Schwein aufzuwiegen. Und weil ja fast alle männlichen Küken getötet werden, sterben also zwölf Hühner für die Veggie-Wurst.

Das Rechenbeispiel macht klar: Nicht nur beim Fleisch, sondern auch bei vegetarischen Produkten müssen wir uns Gedanken über die Tierhaltung machen. Milch und Eier haben auch eine ziemlich schlechte Umweltbilanz. Und selbst veganes Essen, das keine Tierprodukte enhält, kann mehr oder weniger gut für die Umwelt sein, wie das Beispiel der Mandeln und Avocados auf Seite 71 zeigt.

>>→ Alle Fleisch-Alternativen sind stark verarbeitete Produkte, viele enthalten eine Menge Zusatzstoffe. Zum Beispiel haben Tester in vielen Veggie-Produkten Zusätze aus Erdöl entdeckt! Letztlich muss man auf die Zutatenliste schauen, die auf der Packung abgedruckt ist. Und wenn darunter viele Stoffe mit mehr als zehn Buchstaben sind, von denen du noch nie gehört hast, solltest du vorsichtig sein. ✳

BESSER ESSEN

»→ Essen wir zu viel Fleisch? Ist Bio-Fleisch besser? Was ist mit dem neuartigen Labor-Fleisch? Können wir die Menschheit ernähren, wenn immer mehr Menschen Fleisch essen wollen?

Siegel-Wirrwarr

Welches Fleisch soll ich kaufen? Viele unterschiedliche Label machen die Auswahl schwer.

≫⟶ Deine Eltern haben eingekauft und auch Fleisch mitgebracht. Du möchtest gern wissen, ob die Tiere ein gutes Leben gehabt haben oder ob das Fleisch besonders schädlich für die Umwelt ist. Wie kannst du das herausbekommen? Auf den Fleischpackungen sind viele verschiedene bunte Siegel. Manche davon sind „offizielle" Siegel, die man nur verwenden darf, wenn bestimmte gesetztliche Bestimmungen erfüllt sind. Andere sind Fantasie-Label der einzelnen Handelsketten. Wie soll man sich da zurechtfinden, welches Fleisch kann man guten Gewissens kaufen?

Die wenigsten Verbraucher haben Zeit und Lust, sich mit diesen unterschiedlichen Siegeln auseinanderzusetzen. Hier erklären wir dir die wichtigsten Unterschiede.

✳ Erstens: „Bio" ist okay. Es gibt ein europäisches Bio-Siegel und ein deutsches, sie bedeuten aber beide dasselbe. Fleisch, das dieses Siegel trägt, erfüllt die Mindestanforderungen für die ökologische Landwirtschaft, die wir auf einigen Seiten bereits erwähnt haben. Wer nicht viel nachdenken will, der macht mit dem Griff zu Bio zumindest nichts falsch. Beim Bio-Siegel geht es vor allem um den Umweltschutz, aber zum Beispiel haben auch die Tiere etwas mehr Platz.

✳ Zweitens: „Bio plus" ist besser. Es gibt eine Handvoll von Erzeugergemeinschaften, die noch strengere Bedingungen an die Tierhaltung anlegen. Bei einigen haben die Tiere mehr Platz, die Bauern müssen einen größeren Teil des Futters selbst produzieren oder es sind nur kürzere Tiertransporte erlaubt.

Bio ...

Das sechseckige Bio-Siegel und das grüne Logo mit den Sternen bedeuten dasselbe: Das Fleisch entspricht der europäischen Öko-Verordnung.

... und „Bio plus"

Einige Erzeugergemein-schaften legen schärfere Maßstäbe an als das Gesetz. Die fünf größten von ihnen bewirtschaften 63 Prozent der Bio-Anbauflächen in Deutschland.

✳ Drittens: Bio bedeutet nicht automatisch gutes Tierwohl. Es gibt bis jetzt kein Gesetz, das die Lebensmittelhändler dazu zwingt, etwas über die Lebensbedingungen der Tiere auf die Packung zu schreiben. Wer vor allem daran interessiert ist, dass es den Tieren gut gegangen ist, der sollte zum Beispiel Fleisch von den Neuland-Höfen (Seite 49) kaufen. Es gibt auch ein Siegel des Deutschen Tierschutzbunds, und die Bundesregierung plant, ein offizielles Tierwohllabel einzuführen.

Die größten Supermarktketten in Deutschland kleben nun freiwillig ein sogenanntes „Haltungssiegel" aufs Fleisch, das zumindest ein bisschen Licht ins Dunkel bringt.

Das Siegel unterscheidet die „Haltungsformen" 1 bis 4. Anders als bei Schulnoten und auch bei der Kennzeichnung der Eier ist hier 1 nicht die beste Note, sondern die schlechteste!

Die Bedeutung der Haltungsform-Label

1 „Stallhaltung"

Fleisch mit diesem Siegel entspricht den gesetzlichen Vorschriften zur Tierhaltung, aber auch nicht mehr.

2 „Stallhaltung plus"

Die Tiere haben etwas mehr Platz im Stall, mehr Beschäftigungsmöglichkeiten, Rinder dürfen nicht angebunden werden.

3 „Außenklima"

Die Tiere haben noch mehr Platz, und sie sind „in Kontakt mit dem Außenklima". Das heißt nicht, dass sie auf der Wiese herumlaufen – sie dürfen vielleicht in einen überdachten Außenbereich, oder eine Wand des Stalls ist halb offen.

4 „Premium"

Hier haben zum Beispiel Schweine doppelt so viel Platz wie gesetzlich vorgeschrieben ist, und die Tiere dürfen tatsächlich ins Freie.

Solche Siegel sind im Prinzip gut, das sagen auch die Verbraucherzentralen. Sie fordern aber, dass diese Pflicht werden sollen. Außerdem haben sie festgestellt, dass es in den Läden kaum Fleisch der Haltungsform 3 oder 4 zu kaufen gibt. Das wird sich nur ändern, wenn die Verbraucher sich darüber beschweren. Und dass sich ein Tier wohlgefühlt hat, garantiert auch das grüne Haltungssiegel nicht. Dafür muss der Bauer sorgen, der seine Tiere kennt und merkt, wenn es ihnen schlecht geht.

✳ Viertens: wissen, woher das Fleisch kommt. Man muss Fleisch nicht im Supermarkt kaufen. Wenn man in eine Fleischerei geht, kann einem der Metzger sagen, woher er sein Fleisch bezieht. Noch besser geht das auf dem Wochenmarkt. Und vielleicht kannst du deine Eltern dazu überreden, einmal zu einem Fleisch produzierenden Bauernhof zu fahren. Wenn du siehst, dass die Tiere dort artgerecht gehalten werden, kannst du guten Gewissens dein Fleisch dort kaufen. ✳

Fleisch im Müll

Erstaunlich viel Fleisch landet nie im Magen eines Menschen – eine große Verschwendung!

»→ Du weißt jetzt, wie aufwendig die Herstellung von Fleisch ist, dass manche Tiere leiden und welche Schäden für die Umwelt entstehen. Trotzdem wird viel zu viel Fleisch verschwendet – und das muss nicht sein.

Die erste Art der „Verschwendung": Es sterben viele Nutztiere, bevor sie überhaupt geschlachtet werden können. Besonders groß sind diese Verluste in der Schweinezucht: Eines von sieben Ferkeln stirbt schon als Baby, insgesamt landen 20 Prozent der Schweine nicht im Schlachthof. Bei Masthühnern beträgt dieser Verlust 4 Prozent.

Wenn das Tier geschlachtet ist, wird nur ein Teil davon gegessen, das haben wir auf Seite 24 schon beschrieben. Etwa 40 Prozent des Schlachtgewichts wird zu sogenannten tierischen Nebenprodukten: Das können Schweineborsten und -därme sein, aber auch Fleischteile, die niemand kaufen will. Manches davon wird zu Hunde- und Katzenfutter verarbeitet, man kann aus dem Fett im Fleisch auch Bio-Benzin gewinnen. Aber auch das ist Verschwendung.

Und dazu kommt dann noch das Fleisch, das wir wegwerfen.

Zwar ist der Anteil, der im Müll landet, geringer als etwa bei Gemüse. Aber wir werfen immer noch jedes Jahr mehr als vier Kilo Fleisch pro Kopf weg. Auf ganz Deutschland umgerechnet, sind das 45 Millionen Hühnchen, 4 Millionen Schweine und 230.000 Rinder, die getötet, aber dann nicht gegessen werden.

» → Fleisch ist nicht so lange haltbar wie andere Lebensmittel. Auf jeder Packung mit frischem Fleisch steht das sogenannte Verbrauchsdatum. Danach darf das Fleisch nicht mehr verkauft werden, und man sollte es auch nicht mehr essen, weil es schlecht sein könnte. Manchmal ist es also unvermeidlich, Fleisch wegzuwerfen. Aber wir sollten uns alle bemühen, dass das nicht nötig wird. Wenn das Verbrauchsdatum näher kommt, kann man das Fleisch einfrieren, dann hält es sich länger. Und du solltest dir nicht mehr auf den Teller laden, als du essen kannst – auch wenn es noch so lecker aussieht! ✳

Fleisch, das keines ist

"Ersatzfleisch" aus Pflanzen wird dem richtigen immer ähnlicher.

>>→ Es gibt schon seit Langem Produkte, die Fleisch ersetzen wollen: etwa Soja- und Gemüsebratlinge statt Hackfleisch-Burger. Die wurden immer vor allem von überzeugten Vegetariern gekauft, die kein Fleisch essen wollten.

Seit ein paar Jahren gibt es Firmen, vor allem in den USA, die mit ihrem Fleischersatz auch Fleischesser überzeugen wollen. Die Burger, Würste und Nuggets sollen genauso gut schmecken wie herkömmliches Fleisch oder sogar noch besser. Die Produkte tragen oft das Wort "Fleisch" (oder Englisch *meat)* im Namen. In den USA kann man die Burger schon bei den großen Fast-Food-Ketten bestellen, in Deutschland gibt es sie im Supermarktregal.

>>→ Das wichtigste Argument für dieses Ersatzfleisch ist der Klima- und Umweltschutz: Weil es komplett aus Pflanzen hergestellt wird, werden die Luft und das Wasser sehr viel weniger verschmutzt. Und für diese Burger müssen auch keine Nutztiere sterben.

Besonders "natürlich" sind diese Produkte aber nicht. Ihre

Grundlage ist Eiweiß aus Erbsen oder Soja, aber um einen wirklich fleischigen Geschmack zu erzeugen, kommen da allerlei Zusatzstoffe hinzu. Eine Firma versucht sogar, das „Blut" in normalem Fleisch nachzuahmen, und verwendet sogenanntes Hämoprotein, das mithilfe von gentechnisch veränderten Hefepilzen hergestellt wird. Also ein ziemlich künstliches Produkt!

≫→ Weil nicht nur Vegetarier, sondern auch immer mehr Fleischesser zu diesen Produkten greifen, sind auch die großen Fleisch-Fabrikanten aufmerksam geworden. Einige von ihnen bieten heute schon ihr eigenes Ersatz-Fleisch an. Das Angebot wird in Zukunft wohl noch viel größer werden. ✳

Fleisch aus dem Labor

Kann man echte Würstchen und Steaks herstellen, ohne dass Tiere dafür sterben müssen?

≫→ Das Ersatzfleisch, das wir auf den vorherigen Seiten vorgestellt haben, wird aus Pflanzen gewonnen und ahmt den Fleischgeschmack nur nach. Aber es gibt auch Versuche, richtiges Fleisch im Labor zu erzeugen, das aber nicht von lebenden Tieren stammt. Wie soll das gehen?

Die Antwort ist die moderne Biotechnik. Für die Herstellung des sogenannten „In-vitro-Fleischs" werden Schweinen oder Rindern ein paar Muskelzellen entnommen. Das tut nicht weh.

Im Labor sollen diese Zellen dann dazu gebracht werden, sich zu vermehren und zu ganzen Fleischteilen zu wachsen oder zum Rohstoff für Würste. Diese Technik ist eigentlich ziemlich gut entwickelt, man will auf diese Weise bald „Ersatzteile" für Menschen züchten, etwa künstliche Herzklappen. Beim Fleisch ist das Problem, dass man nicht nur die äußere Form erzeugen muss, es soll sich auch richtig anfühlen und vom echten Vorbild kaum zu unterscheiden sein.

Denn herkömmliches Fleisch enthält nicht nur Muskelzellen, sondern auch Fett, Bindegewebe und Blutgefäße. Die Muskeln wachsen, weil das Tier sich bewegt. All das gibt's im

Labor nicht. Deshalb sind viele Tricks nötig, damit etwas wirklich Fleischartiges dabei herauskommt.

❯❯➡ Und niemand weiß bisher, wie man dieses Fleisch aus dem Labor in großen Mengen produzieren kann. Vor ein paar Jahren machte der erste „In-Vitro-Burger" eines holländischen Entwicklers Schlagzeilen. Der Fleischklops kostete etwa 300.000 Euro. Inzwischen arbeiten einige Firmen daran, solches Kunstfleisch auf den Markt zu bringen. Aber bis wir es im Supermarkt kaufen können, werden noch einige Jahre vergehen. ✳

Krabbelfleisch

Auch wenn es für viele eklig klingt: Insekten können eine gute Eiweißquelle sein.

➠→ Kannst du dir vorstellen, einen Käfer zu essen oder eine Heuschrecke? Wird dir übel bei dem Gedanken, so ein Krabbeltier herunterzuschlucken? Das geht wahrscheinlich den meisten Europäern so. In anderen Teilen der Welt gehören Insekten, aber auch Würmer, zu den normalen Lebensmitteln. Im Süden Afrikas isst man geröstete Heuschrecken, in Westafrika Termiten. In Thailand sind getrocknete Wanzen ein Knabbergebäck wie bei uns Erdnüsse oder Chips. Die Welternährungsorganisation sagt: Wenn auf der Welt mehr Insekten gegessen würden, dann wäre das gut für die Umwelt.

Insekten sind auch Tiere, und sie bestehen im Prinzip aus denselben Grundstoffen wie das Fleisch von Säugetieren. Also viel Eiweiß, ein bisschen Fett und kaum Kohlenhydrate. Aber ihre Umweltbilanz ist um ein Vielfaches besser als die von Rind- oder Schweinefleisch. Aus zwei Gramm Futter wird ein Gramm Insekt, das ist ähnlich wie bei Hühnern und viel besser als bei größeren Tieren. Sie brauchen weniger Platz und erzeugen pro Kilogramm nur ein Hundertstel der Treibhausgase von Rindern.

➤➤→ Wahrscheinlich wird man bei uns nicht viele Menschen davon überzeugen, ganze Insekten zu verzehren, es ekeln sich zu viele davor. Aber man kann die Krabbeltiere trocknen und zu einem proteinreichen Mehl verarbeiten. Das kann dann als Grundlage für ganz unterschiedliche Produkte dienen. So gibt es zum Beispiel schon Energie-Riegel auf Insektenbasis, Nudeln aus Insektenmehl, Insektenburger und Insekten-Snacks. Leute, die das probiert haben, beschreiben den Geschmack der Insektenprodukte als „nussig". Allerdings machen es die europäischen Lebensmittelgesetze den Herstellern schwer, solche neuen Produkte auf den Markt zu bringen.

Für Vegetarier, die überhaupt keine Tiere essen wollen, sind Insektenlebensmittel wohl nichts. Aber für alle anderen könnten Insekten eine gute Ergänzung bei ihrer Ernährung sein. ✳

Diese Insekten kann man in Eurpa schon kaufen:

Mehlwürmer

Heuschrecken

Grillen

Buffalo-
würmer

Weniger Fleisch ist gesünder

Fleisch in Maßen verhindert viele Krankheiten.

»——➤ Wenn wir alle weniger Fleisch essen würden, das haben wir im Verlauf des Buchs gezeigt, dann wäre das gut für die Umwelt. Wir könnten es uns auch leisten, etwas mehr für das einzelne Stück Fleisch auszugeben, und dann könnte man den Tieren ein besseres Leben ermöglichen.

Es gibt aber auch noch einen weiteren Grund dafür, den Fleischverzehr zu senken: die Gesundheit. Der durchschnittliche Deutsche isst 60 Kilogramm Fleisch pro Jahr. Die Deutsche Gesellschaft für Ernährung empfiehlt, dass Erwachsene pro Woche höchstens 300 bis 600 Gramm Fleisch und Wurst essen sollten. Das Jahr hat 52 Wochen, macht gerundet 15 bis 30 Kilogramm im Jahr. Wir essen also zwei- bis viermal so viel, wie die Ernährungsexperten für gesund halten!

Um die wertvollen Nährstoffe, die Fleisch enthält, zu bekommen, brauchen wir gar nicht so viel. Es reichen schon viel kleinere Fleischportionen. Was wir darüber hinaus an Fleisch essen, hat eher negative Wirkungen.

Vor allem zwei Sorten von Krankheiten sind es, die durch einen übermäßigen Fleischkonsum entstehen: erstens Herz- und Kreislauferkrankungen. Die führen dazu, dass Menschen einen Herzinfarkt erleiden und so früher sterben können. Und zweitens Krebs, insbesondere Darmkrebs – davon hast du sicherlich auch schon gehört. Im Körper wachsen dann gefährliche Geschwüre, die zum Tod führen können.

„Rotes Fleisch" vom Schwein, vom Rind und vom Schaf wird dabei von den meisten Forschern als gefährlicher eingeschätzt als „weißes", also Hühner- und Putenfleisch. Und besonders ungesund ist verarbeitetes Fleisch – dazu gehören alle Arten von Wurst, aber auch Schinken. In diesem verarbeiteten Fleisch, zum Beispiel in Salami, sind oft Salze enthalten, die sich im Körper in Stoffe verwandeln können, die das Risiko erhöhen, an Krebs zu erkranken. Und außerdem steckt eine Menge ungesundes Fett drin.

>>→ Es kommt übrigens nicht darauf an, ob das Fleisch aus der ökologischen Landwirtschaft kommt oder nicht – auch Bio-Wurst und Bio-Schnitzel haben diese Folgen für unsere Gesundheit. ✳

Fleisch für alle?

Was wäre, wenn die ganze Welt so viel Fleisch essen würde wie wir …

≫→ Die Menschheit wächst noch immer. Heute leben etwa 7,8 Milliarden Menschen auf der Erde, 2030 werden es ungefähr 8,5 Milliarden sein und 2050 etwa 9,7 Milliarden. Danach, so schätzen die Vereinten Nationen, schwächt sich das Wachstum etwas ab, und die Zahl pendelt sich irgendwo zwischen 10 und 11 Milliarden ein. Aber das sind nur sehr unsichere Zahlen.

Im letzten Kapitel haben wir beschrieben, dass die Herstellung von Fleisch die Umwelt stark belastet – es wäre gut, wenn die Welt weniger Fleisch und mehr Pflanzen essen würde.

Aber die Entwicklung geht in die andere Richtung. Die Welternährungsorganisation und die Organisation für wirtschaftliche Zusammenarbeit und Entwicklung (das ist die Vereinigung der reichen Industrieländer) haben gerade einen Bericht herausgegeben, der versucht, den Fleischkonsum für das nächste Jahrzehnt vorauszusagen. Demnach werden die Menschen im Jahr 2029 ungefähr 12 Prozent mehr Fleisch essen als 2019.

Dieser zusätzliche Verbrauch wird fast ausschließlich in den Ländern stattfinden, die heute noch arm sind. Dort passiert nämlich das, was bei uns vor 70 Jahren stattgefunden hat (siehe Seite 14): Wenn es den Leuten besser geht, sie also mehr Geld verdienen und nicht mehr hungern müssen, dann können sie sich auch mehr Fleisch leisten. Und in fast allen diesen Ländern wird daher der Fleischkonsum zunehmen, auch weil dort die Bevölkerung wächst.

Aber selbst wenn der Pro-Kopf-Verbrauch in den reichen Länder etwas zurückgeht und in den ärmeren Ländern etwas zunimmt, werden die Industrieländer, zu denen Deutschland, Österreich und die Schweiz gehören, weiterhin die größten

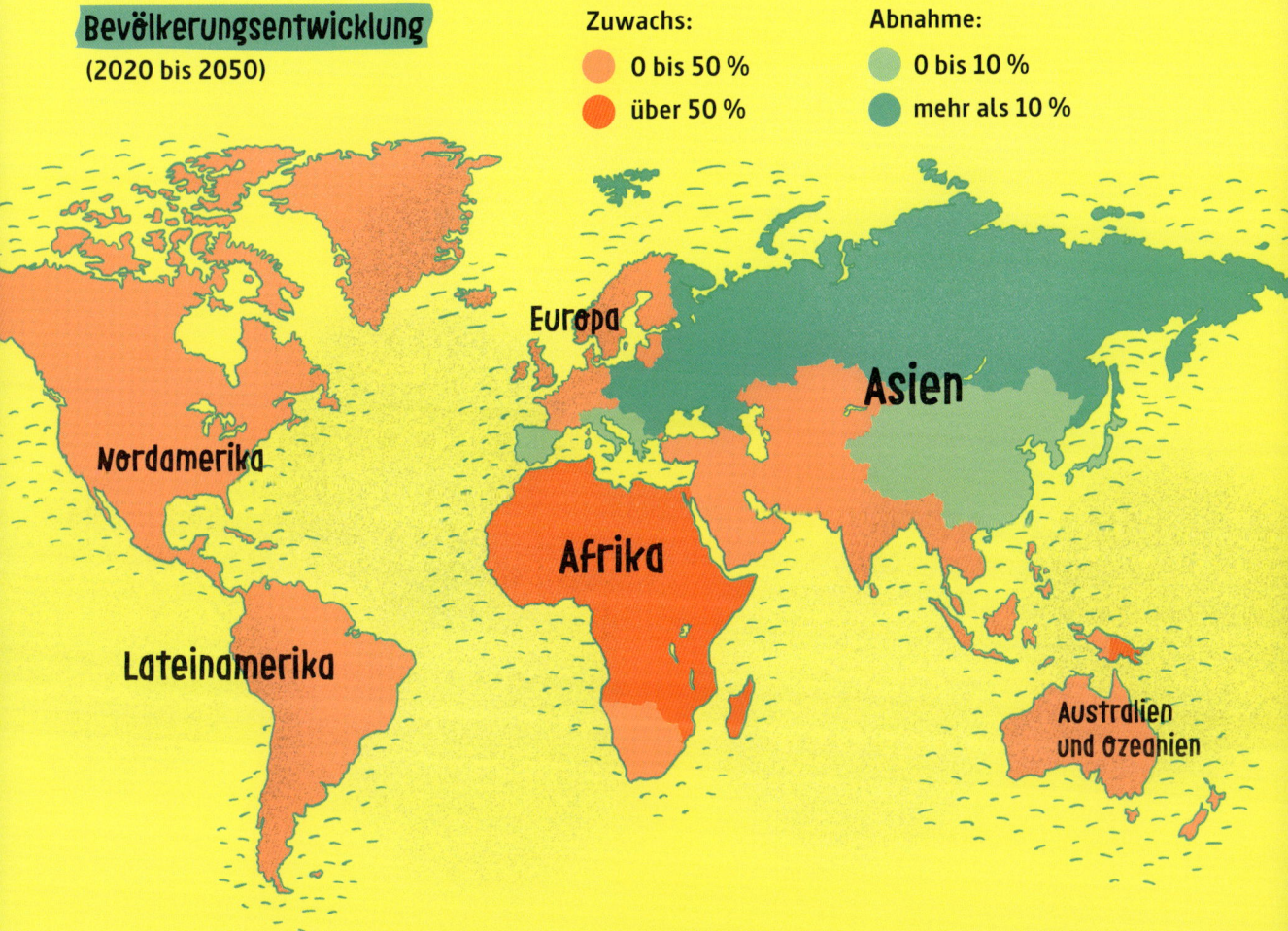

Bevölkerungsentwicklung
(2020 bis 2050)

Zuwachs:
- 0 bis 50 %
- über 50 %

Abnahme:
- 0 bis 10 %
- mehr als 10 %

Europa

Asien

Nordamerika

Afrika

Lateinamerika

Australien und Ozeanien

Fleischesser sein. Der durchschnittliche Weltbürger isst nur etwas mehr als ein Drittel unserer Fleischmenge. Also kein Grund für uns, mit dem Finger auf andere Länder zu zeigen!

Am meisten wird die Produktion von Hühnerfleisch zunehmen. In den Industrieländern wird den Menschen immer mehr bewusst, dass Geflügel gesünder ist als rotes Fleisch, und in Entwicklungsländern ist Huhn einfach das preiswerteste Fleisch, das sich die meisten Menschen leisten können.

>>→ Wie kann die Welt-Fleischproduktion zunehmen, wenn sie doch so umweltschädlich ist? Woher kommen die Flächen für den Anbau des ganzen Futters? Die Antwort ist: Die Produktion von Lebensmitteln ist ein großer Markt, und so lange die Menschen bereit sind, Geld für Fleisch auszugeben, werden die Hersteller auch einen Weg finden, das Fleisch zu liefern. Dann wird eben noch mehr Regenwald abgeholzt, um große Sojafelder anzulegen. Weltweit wird Fleisch immer billiger. Um die Umwelt zu schützen, für mehr Tierwohl zu sorgen und uns gesund zu ernähren, müsste Fleisch dagegen teurer werden. ✳

Und jetzt?

Wie wir alle noch mit gutem Gewissen Fleisch essen können

≫→ Wenn du dieses Buch aufmerksam gelesen hast, dann hast du eine Menge Informationen bekommen, vielleicht bist du auch ein bisschen verwirrt. Uns (also dem Autor und der Illustratorin dieses Buchs) ging es ähnlich. Wir haben viel dazu gelernt und denken jetzt viel mehr nach, wenn wir Fleisch kaufen und essen. Deshalb hier nochmal die wichtigsten Tipps, was man ändern kann, um Tier und Umwelt besser zu schützen:

Was du und deine Eltern tun können:

✳ Die Super-Billig-Angebote liegen lassen und eher zu dem teureren, aber besseren Fleisch greifen. Die Vergangenheit hat gezeigt, dass sich das Angebot auf dem Markt ändert, wenn die Verbraucher bestimmte Waren haben wollen. So ist von 2010 bis 2019 der Anteil von Bio-Lebensmitteln in Deutschland von 3,7 auf 5,7 Prozent gestiegen.

✳ Auf Fleisch verzichten. Es muss nicht jeden Tag Fleisch geben – siehe die Empfehlungen auf Seite 30. Wer weniger Fleisch kauft, kann sich auch bessere Qualität leisten!

✳ Nach der Herkunft fragen. Das geht natürlich nur beim Metzger, auf dem Markt oder direkt beim Bauern. Die vielen Etiketten erklären nicht unbedingt, wie es den Tieren konkret gegangen ist.

✳ Kein Fleisch verschwenden. Das heißt: nur so viel kaufen, wie man auch essen kann, bevor es schlecht wird. Und nicht nur zu den „edlen" Fleischstücken greifen, sondern dabei helfen, dass das ganze Tier verwertet wird.

Wenn man Lust auf Fleisch hat, kann man auch ab und zu mal ein Stück Wild (Reh, Wildschwein, Hirsch) essen. Das Fleisch enthält wenig Fett und die Tiere haben in Freiheit gelebt.

Was die Regierung tun kann:

✳ Verbesserung des Tierwohls. Hier hat sich in den letzten Jahren schon einiges getan, aber da kann noch mehr passieren: Tiere brauchen mehr Platz, sie sollten an die frische Luft kommen, die Haltung muss sich mehr an ihren Bedürfnissen orientieren. Nicht nur auf dem Biohof, sondern in allen landwirtschaftlichen Betrieben.

✳ Den Bauern helfen. Wenn ein Landwirt nur ein paar Euro an einem Schwein verdient, kann man nicht erwarten, dass er bessere Bedingungen für die Tiere schafft. Es gibt ein paar Ideen, etwa eine Tierwohlabgabe, die für mehr Geld in den Taschen der Bauern sorgen würden.

✳ Strengere Umweltgesetze. Zum Beispiel gibt es Vorschlä-
ge, dass für den Ausstoß von CO_2 eine Abgabe erhoben wird.
Das würde natürlich Fleisch gegenüber pflanzlichen Produkten
teurer machen. Und es könnte ein Anreiz für die Bauern sein,
die Tiere klimafreundlicher aufzuziehen.

Die wichtigsten Quellen

Seite 10
Essen wie die Steinzeitmenschen
https://bit.ly/3i6TLHL

Seite 12
Deutsche Gesellschaft für Ernährung:
Flexitarier – die flexiblen Vegetarier
https://bit.ly/3gMYnRK

Seite 16
Ernährungs- und Landwirtschaftsorga-
nisation der Vereinten Nationen (FAO)
https://bit.ly/3bjrwTx

Seite 18
Wikipedia: Religiöse Speisevorschriften
https://bit.ly/2YYeINg

Seite 20
Agrarstatistisches Jahrbuch 2019
https://bit.ly/3lDl1Q2
Agrarstatistisches Jahrbuch 1977–1981
https://bit.ly/34Vusod

Seite 22
Agrarstatistisches Jahrbuch 2019,
eigene Berechnungen

Seite 24
Böll-Stiftung: Fleischatlas 2018
https://bit.ly/2Dtu0lO

Seite 26
Galileo: Produktion der Discounter-Wiener
https://bit.ly/3hUkmri
Wikipedia: Wiener Würstchen
https://bit.ly/31Q6Xe9

Seite 28
Vollwertig essen und trinken nach den
10 Regeln der DGE
https://bit.ly/3lMRT91
Verbraucherzentrale: Fleisch hat viele
gute Seiten
https://bit.ly/3jFOF5A

Bundeszentrum für Ernährung
https://bit.ly/3iO6teF

Seite 36
Wissenschaftlicher Beirat für Agrarpolitik
beim Bundesministerium für Ernährung
und Landwirtschaft: Wege zu einer
gesellschaftlich akzeptierten Nutztier-
haltung
https://bit.ly/3lDXmz7

Seite 38
Bundesministerium für Ernährung und
Landwirtschaft: Landwirtschaft verstehen – Fakten und Hintergründe
https://bit.ly/3jACXc8
Albert-Schweitzer-Stiftung: Masthühner
in der Massentierhaltung
https://bit.ly/3gXi7Ca

Seite 40
Landwirtschaft verstehen
Albert-Schweitzer-Stiftung: Mastrinder
in der Intensivtierhaltung
https://bit.ly/355ZUjo
Albert-Schweitzer-Stiftung: Mastkälber
https://bit.ly/2YY2jsA

Seite 42
Landwirtschaft verstehen
Albert-Schweitzer-Stiftung: Mastschweine
https://bit.ly/3jADfQg

Seite 44
Landwirtschaft verstehen
Böll-Stiftung: Fleischatlas 2014
https://bit.ly/2DtuPLq
Deutscher Verband Tiernahrung:
Tierernährung – häufige Irrtümer
https://bit.ly/32OddCE

Seite 46
Umweltinstitut: Keine Massentierhaltung
ohne Medikamente
https://bit.ly/2F1bqSc

Seite 48
Thünen-Report: Leistungen des öko-
logischen Landbaus für Umwelt und
Gesellschaft
https://bit.ly/32LBLfq
BUND: Haltung zeigen
https://bit.ly/3blVeXN
Neuland-Fleisch
https://bit.ly/3lM1j4T

Seite 52
Bundesinformationszentrum Landwirtschaft: Tiertransporte
https://bit.ly/3lIefbO
Albert-Schweitzer-Stiftung: Tiertransporte – Zahlen und Fakten
https://bit.ly/3hOkvfP

Seite 54
Böll-Stiftung: Fleischatlas 2014
Vion Food Group: Transparenz ist uns
wichtig
https://bit.ly/3lDnie2

Seite 56
Kugelschuss als Alternative zum Schlachthof, in: LandInFormSpezial 5/2015
https://bit.ly/2YX1SPd
Die mobile Schlachteinheit MSE-200A
https://bit.ly/2QM5E9V

Seite 58
Erhalten durch Aufessen, in: LandInForm-
Spezial 5/2015
https://bit.ly/3gUSyBC
Böll-Stiftung: Fleischatlas 2013
https://bit.ly/32LA6GI
FAO: The Second Report on the State of
the World's Animal Genetic Resources for
Food and Agriculture
http://www.fao.org/publications/so-
wangr/en/

Seite 60
Böll-Stiftung: Fleischatlas 2018

Seite 64
Nemecek, T.; Poore, J.: „Reducing
food's environmental impacts through
producers and consumers". Science.
360 (6392): 987–992)
Böll-Stiftung: Fleischatlas 2018

Seite 68
Unesco: National water footprint
accounts – The green, blue and grey
water footprint of production and
consumption
https://bit.ly/3lLvSYc

Seite 72
Planet Wissen: Gülle – Gefahr für unser
Trinkwasser?
https://bit.ly/3bk5pfw
Böll-Stiftung: Fleischatlas 2018

Seite 74
Michael Clark, David Tilman: Global
diets link environmental sustainability
and human health Nature. 515 (7528):
518–522
Böll-Stiftung: Fleischatlas 2018

Seite 78
Stern online: Für vegetarischen Wurst-
aufschnitt sterben mehr Tiere als für das
„Original"
https://bit.ly/35c6h59

Seite 82
Wikipedia: Bio-Siegel
https://bit.ly/2QL9Bvo
Stiftung Warentest: Diese Siegel sollen
beim Kauf von Fleisch helfen
https://bit.ly/2YVakyH

Seite 86
Böll-Stiftung: Fleischatlas 2014 Extra:
Abfall und Verschwendung
https://bit.ly/3hWMn1e

Seite 88
Spektrum der Wissenschaft: Was steckt
hinter dem Erfolg von Beyond Meat?
https://bit.ly/31T3Li4
Wikipedia: Impossible Foods
https://bit.ly/3gTlSZp

Seite 90
Böll-Stiftung: Fleischatlas 2018
Science Focus: Soy protein ‚scaffold'
gives cultured meat ‚taste, aroma and
texture of real meat'
https://bit.ly/2QKRrdk

Seite 92
Böll-Stiftung: Fleischatlas 2018
Wikipedia: Speiseinsekt
https://bit.ly/3lKazqc

Seite 94
Helmholtz: Wie viel Fleisch ist gesund?
https://bit.ly/2Z05QGR
Eat Smarter: Wie viel Fleisch ist eigentlich gut für mich?
https://bit.ly/34XLO3A
Wikipedia: Gesundheitsrisiken des
Fleischkonsums
https://bit.ly/2ERyCml

Seite 96
OECD-FAO Agricultural Outlook
2020–2029
https://bit.ly/2EW1Hgf
Vereinte Nationen: World Population
Prospects 2019
https://bit.ly/2DnE6EC

Register

Mehr über unsere Bücher, Autoren und Illustratoren auf:
www.gabriel-verlag.de

Drösser, Christoph/Coenenberg, Nora:
Es geht um die Wurst – Was du wissen musst, wenn du gern Fleisch isst
ISBN 978 3 522 30581 5

Idee: Christoph Drösser und Nora Coenenberg
Text: Christoph Drösser
Gesamtausstattung und grafisches Konzept: Nora Coenenberg
Fachliche Beratung (Thema Ernährung): Lisa-Marie Störzer,
M. Sc. Oecotrophologin
Satz: Tanja Haaf
Reproduktion: Schwabenrepro, Fellbach
Druck und Bindung: Livonia Print, Riga

© 2021 Gabriel in der Thienemann-Esslinger Verlag GmbH, Stuttgart
3. Auflage 2021

Nicht jedes Kind lebt so wie ich

Christoph Drösser, Nora Coenenberg
100 Kinder

104 Seiten · Gebunden
ISBN 978-3-522-30537-2

Auf der Welt gibt es etwa zwei Milliarden Kinder, und jedes lebt anders: Manche Kinder gehen gern in die Schule, andere müssen stattdessen arbeiten. Einige haben ein Handy, vielleicht sogar ein Smartphone, andere haben nicht einmal ein eigenes Zimmer. Es ist ganz schön schwer, sich eine so abstrakte Zahl wie „zwei Milliarden" als eine Menge von echten Kindern vorzustellen. Leichter wird es, wenn diese große Zahl von Kindern in einem Gedankenexperiment auf nur 100 reduziert wird. Wie viele Kinder hätten dann ein Haustier? Wie viele bräuchten eine Brille? Und wo lebten sie überhaupt?

GABRIEL
Was wirklich zählt!